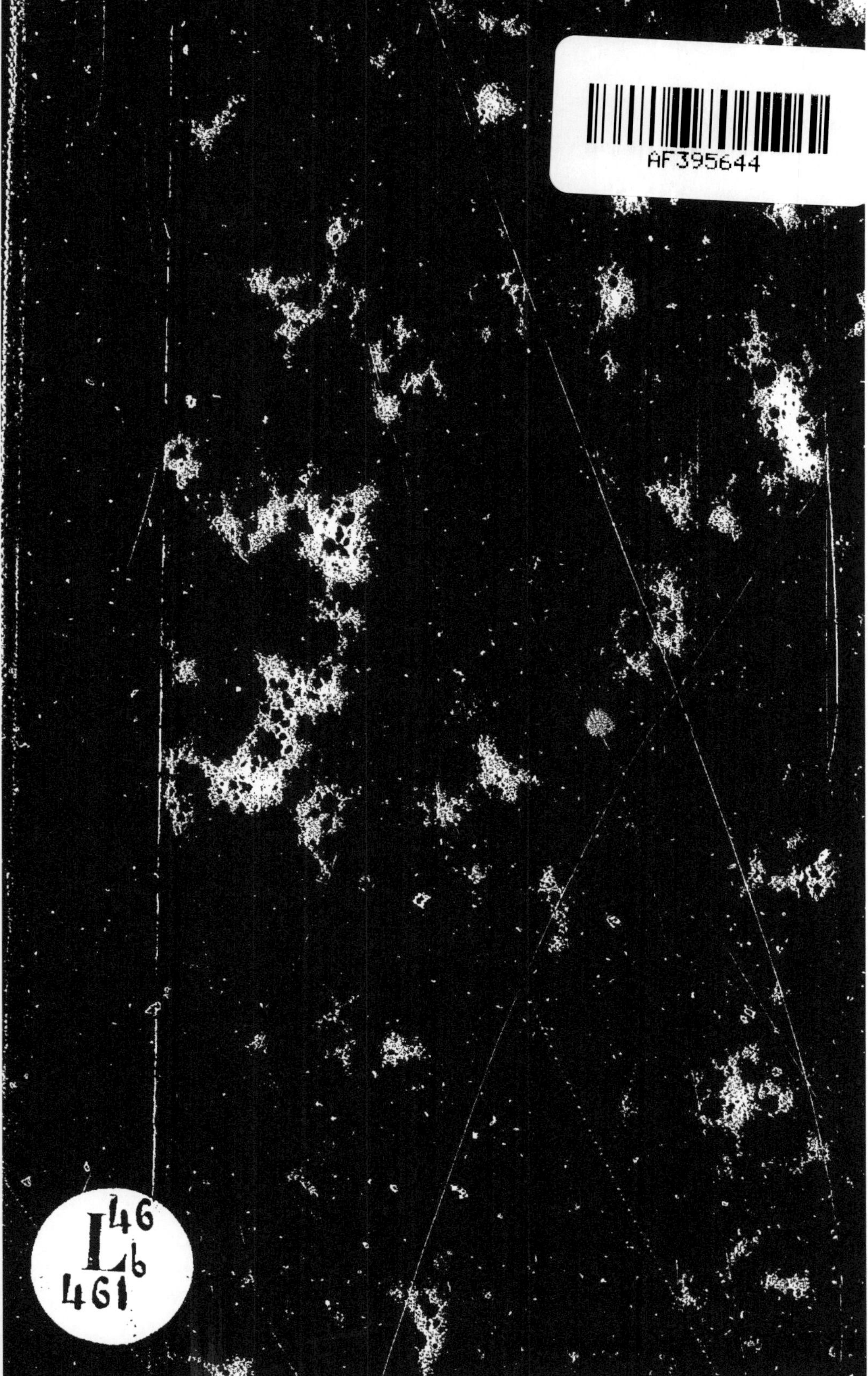
AF395644

L46
b
461

Lb 46
461

SISS30

EXAMEN

ANALYTIQUE ET CRITIQUE

D'UNE

RELATION DE LA BATAILLE DE WATERLOO.

IMPRIMERIE DE Mme. V^e. PERRONNEAU, QUAI DES AUGUSTINS,
N°. 39.

EXAMEN

ANALYTIQUE ET CRITIQUE

D'UNE

RELATION DE LA BATAILLE DE WATERLOO,

DÉDIÉE A SA GRACE LE FELD-MARÉCHAL DUC DE WELLINGTON,

PAR LE LIEUTENANT-GÉNÉRAL SCOTT,

SUIVI

D'UNE LETTRE A LORD COCHRANE,

MEMBRE DU PARLEMENT D'ANGLETERRE,

POUR LE DISTRICT DE WESTMINSTER;

PAR M. SARRAZIN,

Maréchal-de-camp des armées du Roi, l'un des Commandans de la
Légion d'honneur, et ancien Chef de l'état-major du Prince royal
de Suède, aux armées d'Allemagne et d'Italie.

> C'est au tribunal de l'histoire que tous les grands
> sont obligés de comparaître après leur mort, et où
> les réputations sont fixées pour jamais.
>
> ŒUVRES DE FRÉDÉRIC II. Vol. 1, p. 111.

A PARIS,

Chez ROSA, libraire, au Cabinet littéraire, grande Cour du
Palais-Royal, et rue Montesquieu, n°. 7.
Et chez Mme. V^e. PERRONNEAU, imprimeur-libraire,
quai des Augustins, n°. 39.

1815.

PRÉFACE.

Je ne connais encore que trois relations de la bataille de *Mont-Saint-Jean*, que les Anglais appellent *Waterloo*, et les Prussiens *Belle-Alliance*. Comme on ne s'est pas battu dans les deux derniers endroits, je pense qu'on doit conserver à ce mémorable évènement la première dénomination. L'auteur de la brochure qui se vend chez Dentu, a beau nous assurer qu'il a été *témoin oculaire* des opérations de cette campagne, il ne persuadera jamais le public impartial qu'il soit de bonne foi dans les détails qu'il donne sur les *préparatifs* des belligérans, sur l'*empressement* des gardes nationaux pour se lever en masse, la *confiance réciproque* des habitans et des soldats français, et la *négligence* des officiers (pag. 8, 12 et 15). On est bientôt convaincu que l'auteur de cet écrit n'est pas militaire, ou que, s'il fait partie de l'armée, il n'a pas encore achevé son cours de tactique. Le mérite du récit d'une campagne consiste plus dans l'exactitude des faits, que dans l'élégance du discours. Des détails inutiles, des assertions hasardées, des déclamations ridicules, des accusations inconsidérées, et des bruits vagues rapportés comme officiels, forment la presque totalité de cette brochure qui ne contient que 93 pages, et qui néanmoins se vend *deux francs cinquante centimes*. Quiconque aura la *bonhomie* d'acheter ce pamphlet, et la *patience* de le lire, sera forcé de convenir que ce prétendu *témoin oculaire* n'y voit pas plus loin que le bout de son nez.

La seconde relation est une traduction de l'anglais par M. Tardieu, géographe-graveur. Cet artiste a voulu nous prouver qu'il savait parler la langue que la difficulté de sa prononciation a fait comparer au ramage des oiseaux et au sifflement des serpens, au point que quelques mauvais plaisans ont prétendu que le serpent qui séduisit Ève, *lui parla en anglais*. Je ne conteste pas à M. Tardieu son habileté dans l'idiôme volatil et sifflant; mais je crois devoir lui dire qu'il faut être militaire pour traduire correctement des ouvrages de guerre. En comparant la page 16 de sa brochure avec celle 160 de M. Scott, qui a mis à contribution son compatriote, je trouve que M. Tardieu a manqué d'exactitude. Il a traduit *immense masses* par *masses*, sans l'adjectif ; *too large space*, par *au-dessus de mes moyens*, ce qui est un contre-sens ; il fallait dire : m'entraînerait dans de trop longs détails ; *upwards two hundred pieces of cannon*, par *plus de cent pièces de canon*, ce qui diminue cette artillerie de la moitié ; licence prohibée dans la *tra-duction* d'un document historique, et même dans la *gravure* d'une batterie où le nombre des pièces doit être conservé malgré la petitesse de l'espace qu'on leur assigne. Les mots *inmilitaire* et *à la Fabien* sont burlesques (page 35 et 37) ; il fallait dire : *anti-militaire* et *à la Fabius*. La carte du théâtre de la guerre n'est pas faite avec soin, comme on devait s'y attendre de la part d'un artiste tel que M. Tardieu. Tout résumé, je pense que si Voltaire vivait encore, il traiterait M. Tardieu comme le perruquier de Nevers.

La troisième relation est en anglais : elle est publiée par un homme qui tient un rang distingué dans la société, le lieutenant-général Scott. Ce serait insulter le public, que de lui donner la traduction d'un si pitoyable salmigondis. L'auteur va me trouver sévère : je serai juste, quelquefois indulgent, et toujours impartial. Il en est des livres comme des perruques ; dans tout état il faut des études préliminaires ; autrement on s'expose à être l'objet de la risée du public. Quand M. Scott aura étudié la manière d'écrire l'histoire, par l'abbé de Mably, il me saura gré de le lui avoir conseillé, et il ne s'exposera plus à rougir de son ignorance. Je prie les lecteurs de m'excuser si je profite de cette occasion pour remercier mes amis de l'indulgence avec laquelle ils ont accueilli l'*Histoire de la guerre de Russie et d'Allemagne*. Je ne négligerai rien pour qu'ils soient également satisfaits de l'*Histoire de la guerre de la restauration*.

EXAMEN

ANALYTIQUE ET CRITIQUE

D'UNE

RELATION DE LA BATAILLE DE WATERLOO.

La brochure du général Scott se vend douze francs. Ce prix est exhorbitant pour un volume in-8°. de 224 pages; mais les *Crésus* d'outremer ne sont pas difficiles sur le prix d'un ouvrage, et sur le mérite de l'auteur comme homme de lettres : il leur suffit que cet écrivain soit un *gentleman*, et qu'un grand seigneur ait consenti à être son *Mécène*. Ces deux motifs garantissent le prompt épuisement de la vingtième édition de la plus platte rapsodie, qui réunit les conditions pré-citées. Une gravure, si bizarre qu'elle soit, ajoute singulièrement au mérite de la production nouvelle. Le général Scott aurait trouvé trop commun de nous donner la carte du théâtre de la guerre où le plan de la bataille de Waterloo; il a choisi le plan d'un cabaret, tel qu'on en trouve dans les plus pauvres villages. Le nom de *la Belle-Alliance*, qu'on donne à cette auberge, a persuadé au général Scott que son livre, avec un tel frontispice, serait favorablement accueilli par tous les enfans de Bacchus. Je lui garantis que son choix sera réprouvé par tous les amis des arts. On aurait beaucoup mieux aimé son portrait ou celui du duc de Wellington.

Il paraît que le général Scott ne s'est guère occupé des règles de l'histoire. Je sais qu'on peut être un grand seigneur, même un bon officier, et cependant composer ou *compiler* un ouvrage fort médiocre : nous voyons rarement des hommes tels que les Xénophon, les César et les Frédéric, aussi habiles à manier la plume que l'épée. Pourquoi un individu, qui se fait probablement estimer comme général, commet-il la maladresse de se faire moquer de lui comme historien? Afin qu'on ne me taxe pas de partialité, je vais suivre le compilateur pas à pas, pour tâcher de le guérir de *sa rage d'écrire*. La dédicace a les défauts d'usage. Le général Scott dit tout bonnement au duc de Wellington « qu'il est le « premier général du monde ancien et moderne. » Nous verrons cependant bientôt qu'il a un rival dans *Castor*-Marlborough (page 135), et que M. Scott, *ravisé*, se borne à appeler le vainqueur de Waterloo *Pollux*-Wellington. Ainsi M. Scott manque à une des principales règles de l'histoire, qui est de conserver au principal personnage le caractère qu'on lui a assigné dès le commencement de l'ouvrage.

Je ne conteste pas les *talens* de lord Wellington. Comme militaire, il a plusieurs rivaux en Europe; comme financier, je lui en connais peu : il passe même pour être plus riche que Napoléon. La hausse extraordinaire des fonds anglais explique plusieurs énigmes politiques. Cet or est donc bien puissant, puisqu'il donne de l'esprit aux sots, du courage aux lâches et du mérite à tout! Souvenons-nous cependant que l'armée anglaise commandée par lord Wellington, est restée en Espagne, sans brûler une amorce, depuis la bataille de Talavera (juillet 1809) jusqu'à la bataille de Busaco (septembre 1810). Badajoz fut *la Capoue* des Anglais, pendant que Soult s'emparait de la riche Andalousie. Mais revenons à M. Scott. Nous aurons bientôt occasion de faire connaître la véritable source de l'instruction dont les alliés ont fait parade depuis 1810.

Un auteur, voulant jeter du ridicule sur le barreau français, reconnu le premier de l'Europe, a osé dire « qu'un avocat de Paris avait commencé son « plaidoyer par la création du monde, et que les « juges l'avaient prié de leur faire grâce des détails « antérieurs au déluge. » On trouve cette sotte plaisanterie dans un ouvrage publié à Londres, sous le titre de *Ressources de l'Empire Britannique*; ouvrage destiné uniquement à flagorner les ministres anglais. Je regrette d'être obligé de faire à M. Scott l'application du reproche fait si gratuitement à un de

nos avocats. Y a-t-il, en effet, rien de plus ridicule
que de nous annoncer une relation de la bataille
de Waterloo, et de débuter par la guerre de l'indé-
pendance en Amérique et les massacres de Toulon ?
Au moins il fallait être exact, et ne pas accuser
Napoléon des crimes que toute l'Europe sait avoir
été commis par les représentans alors en mission
dans le midi de la France. L'acte de férocité qu'on
lui reproche (page 2), est généralement attribué
à Fréron, qui cria aux Toulonais que le canon avait
épargnés, « qu'ils pouvaient se lever et que la répu-
« blique leur pardonnait, » et qui ensuite les fit
tous impitoyablement égorger.

Je ne m'attendais pas à voir un Anglais critiquer
l'expédition d'Égypte, si fatale à nos armées de
terre et de mer. On pourrait lui dire : « Pourquoi
« vos escadres, qui maîtrisaient toutes les mers,
« laissaient-elles passer une flotte immense sans lui
« tirer un seul coup de canon ? » J'étais alors prisonnier en Angleterre. On présumait que cette expédition avait été concertée avec le gouvernement
anglais , tant pour affaiblir notre marine que pour
diminuer notre armée de terre, par l'exil de ces
braves qui avaient conquis l'Italie. On se rappelle
que Bonaparte provoqua avec beaucoup d'ardeur
l'adoption de son plan, qui avait été rejeté faute
de fonds : il leva cet obstacle, en donnant de son
argent pour payer les préparatifs et accélérer son
depart. Quant à son retour, pour s'emparer de
l'autorité, on pense qu'il fut favorisé par les croi-

seurs anglais. Il importait au gouvernement britannique d'avoir en France un chef qui paralysât nos moyens d'attaque, tout en faisant de grandes démonstrations, afin d'en imposer à la multitude.

L'exil de Moreau, l'assassinat du duc d'Enghien, la strangulation de Pichegru et la mort d'une foule de royalistes zélés, ne doivent point être considérés comme contraires au véritable rôle de Bonaparte. Pour se rendre maître de l'opinion publique, il dut étonner tous les partis, en paraissant adopter de bonne foi les intérêts de la révolution. Doué d'une grande finesse, il persuada peut-être au cabinet de Saint-James que la restauration des Bourbons était impolitique, et même pourrait compromettre la tranquillité des îles britanniques. Il trouvait *la place bonne*, sur-tout depuis qu'il avait obtenu la main d'une archiduchesse; mais en 1810, *le fourbe fut découvert*, et il est probable qu'on lui intima l'ordre de se conformer à ses premières instructions, ou sinon.....

Je m'aperçois que j'imite M. Scott, qui, après nous avoir parlé (pages 8 et 9) des évènemens de 1804, rétrograde (pages 11, 12 et 13) jusqu'aux campagnes d'Italie, en 1796 et 1797 : heureusement son récit n'est que sommaire. Il fait livrer *vingt-trois* batailles depuis le 1er. août 1796 jusqu'au 15 septembre suivant. J'ai sous mes yeux le tableau dressé au ministère de la guerre; je ne trouve que trois affaires qu'on appelle *batailles*, de Castiglione, le 5 août; de Roveredo, le 4 septembre, et de

Saint-George, sous les murs de Mantoue, le 15 du même mois. L'auteur se trompe quand il dit « que Bonaparte ne se donnait, ni à lui ni à son « armée, le tems de manger ou de dormir. » Le général, les officiers et les soldats étaient dans l'abondance de toutes choses : ils mangeaient et ils dormaient beaucoup mieux que dans les Alpes, où ils avaient tant souffert de la disette et du froid. Je conviens qu'il doit paraître surprenant aux Anglais qu'on se soit battu pendant vingt-quatre heures sans murmurer, quoique l'armée française n'eût *que de l'eau pour se rafraîchir.* Je ne crois pas que cela soit arrivé en Italie, où le vin abonde ; mais je puis assurer que le jour de la bataille de Fleurus, juin 1794, cent mille Français se battirent, ou restèrent sous les armes, depuis deux heures du matin jusqu'à dix heures du soir, n'ayant pas même de l'eau pour boire, et cependant l'on n'entendit pas la moindre plainte.

Si je voulais réfuter toutes les erreurs de M. Scott, je serais obligé de faire un gros volume. Je me borne à dire qu'il n'a appris l'histoire que dans les gazettes anglaises, qui, en général, sont de très-mauvais matériaux historiques. Il a mal jugé l'archiduc Charles, dont les talens militaires sont établis sur des bases aussi *solides* que brillantes. Si les caprices du hasard faisaient un jour que ce prince et le duc de Wellington en vinssent aux mains, avec des armées également nombreuses et aguerries, le vainqueur de Waterloo recevrait probablement du héros de Wurtzbourg et d'Essling, les leçons de tactique déjà données de main de maître à Jourdan et à Napoléon. Il est faux que le prince Charles (page 12) fût entouré de flatteurs et de courtisans efféminés. Les officiers d'état-major de l'armée autrichienne méritent la préférence sur les états-majors des armées des autres puissances, par l'étendue et la variété de leurs connaissances : je n'en excepte que nos ingénieurs. Il n'en est pas de même des officiers des régimens, dont la composition a toujours passé pour être la meilleure dans les armées françaises.

Pour donner une idée de la *correction* des détails fournis par le général Scott, je citerai le passage relatif à la signature des préliminaires de paix à Léoben. Il est dit (page 13) : « Bonaparte, quoique « vainqueur, offrit la paix à l'empereur d'Autriche. « Un courrier partit sur-le-champ, et le traité fut « signé *le 17 octobre*, à Léoben, village à vingt-« neuf lieues de Vienne. » Il fallait dire que les préliminaires de paix furent signés le 14 avril 1797, au château de Neuwald, près de Léoben, et que le traité définitif ne fut signé que le 17 octobre de la même année, à Campo-Formio, dans le Frioul vénitien. Au lieu de faire revenir Napoléon directement à Paris, il fallait nous le montrer à Milan, organisant la république Cisalpine, et ensuite au congrès de Rastadt, s'instruisant de la politique des diverses cours de l'Europe.

La nomination de Bonaparte empereur, et les

autres évènemens jusqu'à l'invasion de Russie, sont renfermés dans douze pages. L'auteur, peu confiant dans son éloquence, a mis à contribution Shakspeare et Addisson. Il cite des passages fort longs des tragédies de Jules-César et de Caton; licence historique qui n'est tolérée qu'en Angleterre. Que dirait le savant Gibbon, s'il voyait son riche héritage ainsi abandonné à des mains *étrangères à toute espèce de culture?* Le zèle bien naturel à un soldat a fait prendre la plume au général Scott, pour célébrer les victoires de ses amis. J'approuve l'intention et je blâme l'exécution. Londres renferme des écrivains distingués, dont la coopération, sans nuire aux desseins de l'auteur, lui aurait procuré l'avantage d'être placé parmi les gens de lettres. Son égoïsme le prive de cette flatteuse perspective, en faisant reléguer dans un coin de bibliothèque une compilation informe sous presque tous les rapports.

On lit cependant avec plaisir (page 18) la lettre de Louis XVIII au roi d'Espagne, quand Buonaparte eût reçu l'ordre de la toison d'or. On y remarque sur-tout cette phrase énergique : « La « religion m'ordonne de pardonner à un assassin, « mais le tyran de mon peuple sera toujours mon « ennemi; au siècle présent, il est plus glorieux de « mériter un sceptre que de le porter. » Il est fort plaisant que le général Scott fasse parler un roi de France comme Caton, le plus chaud républicain de son tems. Le passage peint à merveille

la scélératesse de Bonaparte ; mais son application
est fausse pour le monarque français, pour ses sujets, et principalement pour ses alliés. Les Romains,
corrompus, *briguaient des fers pour avoir des
fêtes*. Les Français, longtems trompés par un
despote, soupiraient après leur souverain légitime pour jouir enfin de la paix, sous son gouvernement paternel.

Il est étonnant qu'un protestant parle du pape
avec autant d'intérêt que s'il avait envie *d'aller
baiser sa mule*, pour en obtenir des indulgences.
M. Scott marche sur les traces du prince régent
qui, depuis quelque tems, traite le Saint-Père avec
tant d'égards, qu'on ne désespère pas à Rome de
le voir rentrer dans le giron de l'église catholique,
ainsi que tout son peuple. Il est certain que, depuis 1789, la religion catholique a fait de grands
progrès dans les trois royaumes, où elle serait encore dominante, sans les exactions impolitiques de
la cour de Rome du tems de Henri VIII. L'auteur
a marqué exactement « que le pape était parti de
« Rome le 2 novembre 1804, et qu'il était arrivé
« à Fontainebleau le 14 du même mois à midi. »
Cette précision aurait été bien mieux placée pour
le traité de paix de Campo-Formio qui avait rendu
la tranquillité à l'Europe continentale. Il aurait aussi
dû supprimer une réflexion fort bizarre dans la
bouche d'un hérétique (page 17), où il est dit
« que les malheurs qui ont affligé la France, doivent
« être attribués à l'oubli des préceptes de la religion

« catholique. » On devrait être étonné, d'après
le raisonnement de M. Scott, que l'Angleterre n'ait
« pas été submergée depuis qu'elle est devenue le
« repaire de l'hérésie? »

L'article de la guerre d'Espagne n'est point exact.
Il n'est point question de la reine dans la réunion
de Bayonne, ni du prince de la paix. L'auteur aurait aussi dû parler d'une armée de soixante mille
hommes sous les ordres de Murat, indépendam-
ment des trente mille que Junot avait conduits en
Portugal l'année précédente. Pas un mot sur la
conduite énergique des Espagnols à Valence, à
Cadix et à Baylen. Après avoir parlé succintement
du massacre de Madrid, l'auteur s'écrie : « *quem*
« *deus vult perdere, prius dementat.* » Il prétend
que la guerre d'Espagne a causé ce qu'il appelle *la
ruine* de Buonaparte, en lui faisant perdre son plus
fidèle allié, et en fournissant à l'Angleterre l'occasion d'aguerrir son armée. Il ne manque pas de dire
que cette guerre a aussi produit le vainqueur de
Bonaparte, *un Wellington.* Cet aveu est une maladresse. Quoi! les Anglais, qui se battaient contre
les Français depuis 1793, ne sont devenus des
héros que depuis 1810 ! Ce Wellington, qui avait
combattu en Flandre et dans les Indes, n'est devenu
un grand général que par l'influence des brouillards
du Tage et de la Garonne ! Ce sont les principes de
guerre du savant Kléber qui ont rendu les Anglais
et leur général, d'abord les rivaux des Français, et
bientôt leurs maîtres, par leur réunion avec toutes

les autres armées de l'Europe exercées avec les manœuvres françaises. C'est la tactique de Kléber,
dont j'étais le dépositaire, qui a fait la gloire des
alliés, en les mettant à même de rendre à la France,
à l'Espagne et à Naples, l'auguste famille des Bourbons. Que n'usaient-ils avec modération d'un si
grand bienfait de la Providence !

Le général Scott a traité la guerre de Russie plus
en détail que la guerre d'Espagne. Dans huit pages,
il raconte, *à sa façon*, la prise de Moskou, l'incendie de cette capitale, et les désastres de notre
armée dans la retraite. Le grand Bossuet ne fut
jamais si laconique ; j'en excepte l'aventure de madame *Aurore Bursay* (page 29), que l'évêque de
Meaux n'aurait pas trouvée analogue à la dignité
de l'histoire. « Cette dame, enlevée de Moskou par
« Buonaparte, dit M. Scott, et se trouvant à deux
« journées de Krasnoy, obtint comme une faveur
« spéciale un paquet de riz ; mais le papier qui le
« renfermait ayant pris feu, quelques onces tom-
« bèrent par terre. Aussitôt un homme se préci-
« pite, tête baissée, sur le riz, en porte à sa bouche,
« et expire au même instant aux côtés de madame
« *Aurore Bursay*. » Sans donner de plus amples
explications sur une mort *si subite*, l'auteur nous
ramène *tout aussi subitement* à l'incendie de Moskou. Le lecteur raisonnable se demande si le riz était
du poison, ou si madame Aurore Bursay était une
descendante de cette fameuse Méduse, dont la tête
armée de serpens, changeait en rochers les en-

nemis de Persée. On exige d'un historien qu'il nous fasse connaître les causes des événemens qu'il raconte, et sur-tout qu'il indique les sources où il a puisé son travail. M. Scott nous dira qu'il a écrit ce qu'il a entendu dire, et que nous devons lui savoir gré de sa complaisance, puisqu'il n'a pas pris la plume pour *se procurer un dîner*. Je nie le fait, et j'affirme que le but de l'auteur n'a été que de *faire sa cour* au duc de Wellington et à *John Bull*, en outrageant les Français aux dépens de la vérité et du bon sens. En France, où l'on rit de tout, on se vengerait d'un tel écrivain en appelant sa compilation, *un conte de ma tante Aurore*.

Le calcul des pertes éprouvées par l'armée française, dans la retraite de Russie, porte « *le nombre des morts à* 2i3,5i6 *hommes, et* 95,8i6 *carcasses de chevaux.* » Pourquoi M. Scott n'a-t-il pas aussi compté les bœufs, les moutons, etc. ? Les Anglais se connaissent en calculs, tout aussi bien que les plus habiles astronomes de l'ancienne Égypte et de la Chine moderne. Il est à regretter que lord Cathcart n'ait pas eu le général Scott pour *survivant* dans l'ambassade de Russie en 1812. Au lieu des fables dont il nous berce, avec tant d'impudence, il se serait fait un devoir de nous dire que « des 400,000 com-« battans qui passèrent le Niémen en juin 1812, « 100,000 périrent, 180,000 furent faits prisonniers, « et 120,000 repassèrent ce fleuve, en décembre de « la même année. » Je comprends, dans les derniers, les Autrichiens, les Saxons, la division Loison, et celle du général Grand-Jean qui resta au duc de Tarente, après le départ des Prussiens. *Mathews*, comédien aussi chéri à Londres que *Brunet* l'est à Paris, est mis en scène par M. Scott (page 33), pour tourner en ridicule le départ de Napoléon de la grande armée. Tacite et Voltaire n'ont point eu recours à de tels auxiliaires. *Un Anglais n'y regarde pas de si près, pourvu qu'il croie trouver son profit dans l'alliance qu'il contracte ;* l'on serait tenté de croire les agens britanniques mahométans, catholiques ou athées, tant ils ont montré d'ardeur à Saint-Jean-d'Acre, en Espagne et à Paris, pour seconder les ennemis jurés de la religion anglicane. Les juifs ne sont pas plus *aocommodans.*

On voit bien que M. Scott, quoique lieutenant-général, n'est pas initié dans les secrets du cabinet britannique, quand il dit (page 34) : « Pendant « la suspension d'armes, juin 1813, les alliés firent « tous leurs efforts pour procurer la paix à l'Eu-« rope, et Bonaparte aurait pu obtenir des condi-« tions avantageuses. » J'étais alors dans *l'intimité* des ministres qui, bien loin de penser à donner la paix à l'Europe, se décidèrent à faire *les plus grands sacrifices* pour déterminer l'empereur d'Autriche à se joindre à la coalition. La bataille livrée sous les remparts de Dresde est l'événement le plus étonnant de l'histoire moderne. Cette victoire plaçait la France à un degré de puissance où elle n'était jamais parvenue, si Bonaparte avait *su* profiter de son succès ; mais il avait aussi des instructions secrettes.

BIBLIOTHEQUE ROYALE

Pour bien faire connaître un écrivain, il faut citer quelques extraits relatifs aux plus grands évènemens. Voici ce que dit le général Scott des batailles de Leipzick : « *Bonaparte est battu à Leipzick.* Le 16,
« les alliés attaquèrent l'ennemi sur tous les points.
« Le 17 fut employé dans des reconnaissances. Le
« 18, on livra de sanglantes batailles au nord et au
« sud de Leipzick. *Pendant la bataille, l'armée*
« *saxonne se rangea sous les drapeaux des alliés.*
« La perte de l'ennemi, dans cette journée, fut
« évaluée à quarante mille hommes. Le 19, Leipzick
« fut pris, avec le roi de Saxe et sa cour, vingt-cinq
« mille hommes, l'artillerie, les munitions, etc. »
L'auteur passe sous silence les détails géographiques ;
il n'examine pas les manœuvres des belligérans ; il
ne parle pas même de leurs pertes, quoiqu'il soit
prouvé que, les 16 et 18, le nombre de leurs morts
surpassa de beaucoup celui de l'armée française.
Il aurait donc dû intituler son ouvrage : *Bataille*
de Waterloo, précédée de notes chronologiques
sur Bonaparte. La *conquête* de la France, par
les Anglais (page 56), mérite aussi d'être citée
comme modèle historique. « Wellington entra en
« France, et, après avoir battu Soult, il se
« rendit à *Bordeaux*, où il fut reçu avec *le*
« *plus grand enthousiasme.* » L'auteur a sans doute
voulu dire *Toulouse*, où Wellington fut reçu *à*
coups de canon, avec un tout autre *enthousiasme*
que celui que M. Scott suppose aux Français.
Comment lord Wellington a-t-il pu permettre

qu'on lui dédiât un ouvrage qui fourmille d'erreurs et de platitudes?

L'invasion de la France par les alliés du nord, leur entrée à Paris, leur conduite dans cette capitale, l'abdication de Bonaparte et son départ pour l'île d'Elbe, sont racontés avec autant de *précision*, et sur-tout avec la même *exactitude*, que les évènemens dont j'ai déja parlé. A la place de M. Scott, j'aurais fait remarquer la célérité sympathique avec laquelle tous les Bonapartes, grands et petits, mâles et femelles, maîtres et valets, quittent la capitale ou s'en éloignent, isolément ou en masse, dès qu'ils apprennent que les alliés, alléchés par l'odeur des cuisines de Véry et de Beauvilliers, jettent le gant à qui voudra le ramasser, et enfilent la *grande route de la grande ville*. On savait à quoi s'en tenir sur la manœuvre de notre armée vers Saint-Dizier, ainsi que sur les dispositions des habitans de Paris. Est-il probable que les souverains alliés se fussent exposés à attaquer cette capitale, qui pouvait mettre cent mille hommes sous les armes, s'ils n'avaient pas eu l'assurance positive d'être reçus, après une défense momentanée, pour en imposer à la multitude, et sauver les apparences? Et si Bonaparte n'avait pas donné son consentement tacite à cette opération, n'aurait-il pas été constamment aux trousses des alliés pour faire une diversion en faveur de l'armée sous Paris, avec cette garde, la première troupe de l'Europe, et qui, à elle seule, aurait suffi pour déconcerter les projets des alliés?

Pour donner une idée des sarcasmes dont nous accablent les écrivains anglais, je citerai ce que dit M. Scott (page 38), en parlant de nos armées : « *Dans tous les pays*, les Français ont commis « *toutes sortes de crimes* qui déshonorent les « noms de soldats et d'hommes ; ils paraissaient être « des *démons échappés de l'enfer*, plutôt que des « êtres humains appartenant à une nation civi- « lisée..... *Toute la nation* était métamorphosée en « monstres de *férocité* et d'*ignorance*, dignes ins- « trumens d'un démon tel que leur *avare* et *lâche* « Empereur *actuel*. » On dit *que le secret d'en- nuyer est celui de tout dire* : aussi ai-je souligné les absurdités du passage précédent, pour me dispenser de les commenter. Nous n'avons pas été *dans tous les pays*, et les Anglais peuvent faire construire à Portsmouth un beau palais pour leur prisonnier de Sainte-Hélène, en actions de grâces de ce que nous n'avons pas fait une prome- nade militaire à Saint-James-Park. Je ne réponds point aux autres sottises. Ce n'est pas à M. Scott à nous traiter de *féroces* et d'*ignorans*. Il me semble que ces deux épithètes seraient mieux appliquées aux amis de la boxe, et aux faiseurs d'histoire de sa force. L'attaque nécessite la riposte. Je n'aurais répondu à cet article que par le silence du mépris, si son auteur n'avait pas été revêtu du grade d'offi- cier général.

Parfois, je trouve quelque occasion de louer M. Scott, et je la saisis avec empressement. Les détails sur l'abdication de Bonaparte (pages 39 et 40) sont copiés exactement des journaux de Paris, et il a eu le bon esprit de ne se permettre aucune de ses invectives favorites contre Napoléon et les maréchaux. Les démarches des maréchaux Ney, Lefévre et Oudinot, sont rapportées fidèlement, ainsi que la lettre par laquelle Bonaparte renonce aux trônes de France et d'Italie. La date de cette lettre n'est pas exacte, puisqu'elle est du 2 avril, selon M. Scott, tandis qu'alors les négociations entre Napoléon et les alliés n'étaient pas encore entamées. La renonciation formelle de Bonaparte fut signée le 6 avril, à deux heures du matin, et le traité fait entre lui et les alliés fut signé le 11 du même mois, en 21 articles.

C'est sans doute des récits burlesques du comédien *Mathews*, que M. Scott a emprunté ses détails sur le caractère de Bonaparte, et sur son séjour à l'île d'Elbe. On permet à un homme dévoué aux plaisirs du public, de déguiser la vérité pour jeter du ridicule sur des individus qui abusent de leur autorité ou de leurs talens ; mais un historien s'expose à être rappelé à l'ordre, quand il s'oublie à ce point. La vérité est la base fondamentale de l'histoire. Pourquoi donc avoir dit (page 43), « que la mère de Bonaparte était jadis une *blanchisseuse*, » lorsque les renseignemens les plus authentiques ont appris à l'Europe que la famille Bonaparte jouissait, en Corse, avant la révolution, d'une très-grande considération ? M. Scott doit savoir que cette *prétendue blanchisseuse* passait pour la maîtresse de M. de Marbeuf, gouverneur de l'île de Corse, et qu'on a conclu de l'attachement de ce seigneur pour Napoléon, qu'il le croyait le fruit de ses amours avec madame Lætitia.

Je prie le lecteur d'observer que M. Scott dit (page 44) « que Napoléon était, pour ainsi dire, « *adoré en* 1813; qu'il excellait dans les affaires « militaires; qu'il avait eu une éducation militaire, « et qu'il était le plus habile général de l'Europe. » Où était donc alors Wellington? Comment peut-on dire qu'on *adorait*, en 1813, l'assassin du duc d'Enghien *en* 1804 et le destructeur de l'armée française en 1812? Il est difficile de concilier des assertions si contradictoires. Bonaparte sut se faire craindre jusqu'à la fin de sa carrière politique. Il s'était fait des amis dans ses premières campagnes d'Italie; son expédition d'Égypte lui fit tort dans l'esprit de l'armée : les observateurs soupçonnèrent dès-lors son alliance avec l'Angleterre; il eut soin d'éloigner les plus clairvoyans. Une indiscrétion du comte de Cobentzel, qui me croyait dans *la grande confidence* du comte d'Antraigues, aurait dû m'éclairer sur le compte de Napoléon. Uniquement adonné au métier des armes, je ne voulais me mêler en rien de politique. Lorsque l'ambassadeur autrichien me dit, en octobre 1797, « qu'il n'était pas pos-« sible de récompenser le grand mérite du général « Bonaparte autrement que par une couronne *impé-« riale* », je lui répondis froidement « qu'il voulait

sans doute dire une couronne *civique.* » Oui, Bonaparte a de grandes connaissances ; et il est aujourd'hui, en 1815, quoiqu'à Sainte-Hélène, aussi
supérieur à lord Wellington comme général, que
Kléber l'était à Bonaparte sous le même rapport.
Je crois que tout homme de bonne foi trouvera que
cette proportion ne peut que flatter l'amour-propre
du général anglais.

« Le 26 février 1814, dit M. Scott (page 46.)
« il a voulu dire 1815.), Napoléon s'empara de
« quelques vaisseaux dans le port de Porto-Ferrajo,
« et s'embarqua avec *quatre cents* fantassins et cent
« lanciers polonais de sa garde. Il débarqua avec
« ces troupes, le 1er. mars, dans le golfe Juan,
« en France. Le 7, il arriva à Grenoble, et le 10,
« il entra à Lyon. Il coucha à Fontainebleau le
« 17, et il fit son entrée publique dans Paris le
« 20 mars 1814. Il traversa la France d'un bout
« à l'autre, comme une personne qui se promène
« dans une salle de danse. » M. Scott aurait bien
pu donner de plus amples détails sur un retour
si extraordinaire. Il n'ignore pas que M. Withbread
avait dit au parlement, que l'expédition de Bonaparte contre Louis XVIII, *avait coûté cent
quatre-vingt mille livres sterling.* Avait-il donc
hérité de l'anneau de Gygès, ce rusé Napoléon,
pour s'échapper ainsi, à la sourdine, de Toulon,
de Malthe, d'Alexandrie, d'Ajaccio et de Porto-
Ferrajo ? Il faut convenir que ce port de Roche-
fort lui a été bien funeste, puisqu'il *paraît* qu'il y a été

enfin dépouillé de la vertu talismanique qui l'avait rendu invisible jusqu'alors aux croiseurs anglais ! Qu'on réussisse *à tromper l'espion* une ou deux fois, j'applaudis à l'heureux mortel qui triomphe de ses ennemis. Mais tout s'use dans ce monde, et il est facile de prévoir, par la position où se trouve Bonaparte, que *son sixième tour de force* n'est pas encore bien combiné. Ira-t-il soumettre les insurgés d'Amérique pour en ouvrir les ports aux Anglais ? ou est-il destiné à mettre la dernière main au despotisme britannique dans les Grandes-Indes, comme il l'a si bien fait en Europe ? Tel est le problème dont la solution est à coup sûr dans la tête de lord Castlereag. M. Scott a diminué de moitié le nombre des Argonautes modernes. Ils débarquèrent en France au nombre de *mille* hommes, dont cent lanciers polonais. Je ne parle de cette erreur qu'afin de mettre l'auteur dans le cas de donner une seconde édition plus correcte que la première.

Nous approchons de la campagne de 1815. M. Scott l'ouvre par une proclamation du Roi de Prusse, en date de Vienne, du 7 avril 1815 (page 48). On est frappé de cette phrase du second paragraphe : « Une seconde conspiration *perfide* « a ramené en France, l'homme qui, pendant dix « ans consécutifs, a affligé l'univers. Le peuple « abasourdi n'a pas pu résister à ses partisans « *armés*, etc. » Oui, de perfides conspirateurs ont ramené Bonaparte en France; mais où a été ourdie cette odieuse trame ? La conduite actuelle de l'armée française n'est-elle pas une preuve irrécusable qu'il n'y eut jamais de conspirateurs dans son sein, mais seulement des hommes égarés par la perfidie de leurs séducteurs ? L'armée était, en mars 1815, presque dans la situation d'un navire qui était entré dans le port, tout désemparé par une violente tempête. Un ouragan l'enlève de son mouillage avant qu'il fût bien ancré. Dans la nuit, on aperçoit un fanal placé vis-à-vis d'un écueil *par les féroces habitans des côtes de la mer.* Le vaisseau prend cette direction et se brise. Les pirates enchantés du succès de leur affreux stratagème se partagent les richesses du vaisseau, et font main basse sur les malheureux naufragés. Le parlement Britannique permettra-t-il qu'une nation loyale et généreuse, composée de trente millions d'individus, soit le jouet et la victime de quelques scélérats nés pour le malheur de l'univers ?

La déclaration de Louis XVIII, en date de Gand, du 12 avril (page 50 et 51), vient à l'appui de mon raisonnement. Il y est dit : « Que les sou-« verains alliés sont bien convaincus, malgré les « subterfuges *d'une politique qui touche à sa fin,* « que la nation française ne partage pas les sen-« timens de l'armée, que le petit nombre de « Français qui ont été égarés, ne tarderont pas à « reconnaître leur erreur, et quils regardent *la* « *France comme leur alliée.* » Quiconque a été témoin de l'entrée de Bonaparte à Paris, dont l'es-

prit a toujours été le régulateur de l'opinion publique dans tout le royaume , conviendra que Sa
Majesté avoit très-bien jugé la masse de ses sujets.
Il n'est pas vrai que Bonaparte (page 46) soit
revenu à Paris en triomphe. On me dira que
Napoléon fut porté à bras par ses officiers depuis
le bas du grand escalier jusque dans la salle des
maréchaux. Je réponds que les mêmes hommes
qui y avaient monté du cano'n , le 20 juin 1792 ,
pouvaient bien y transporter un général , le 20
mars 1815. Il fallait voir l'air de consternation et
de douleur de la grande majorité des Parisiens. Je
ne puis mieux comparer le deuil général de la
capitale, lors du retour de l'usurpateur, qu'à cette
affliction profonde , mais concentrée ,. qu'éprouve
une famille vertueuse qui vient de perdre un père
chéri. Il y a en France, ainsi que dans tous les
pays, des esprits turbulens et inquiets, comme la
nature produit presque partout des serpens et des
poisons. Mais la masse de la nation est pure , loyale
et magnanime. C'est au gouvernement à imiter
l'habileté du pharmacien qui utilise dans ses combinaisons les poisons les plus violens. Sur-tout il
ne doit pas souffrir que l'on enveloppe l'immense
majorité des sujets fidèles dans la punition de quelques perturbateurs. C'est dans ces situations critiques que *l'énergie* des princes et la *fidélité* des
peuples préparent avec éclat le bonheur de plusieurs
générations. *L'union fait la force.*

J'oublie mon rôle de critique pour faire le pré-

dicateur ; il me faut prendre garde de ne pas four-
nir à M. Scott de justes causes de m'attaquer à son
tour. Je reviens à sa compilation. Après nous avoir
montré Napoléon dans son assemblée générale du
Champ-de-Mars, il le fait enfin partir de Paris
pour l'armée du Nord. La description de cette armée par M. Scott, est une pièce curieuse : on croit,
après avoir lu le titre de cet article, qu'on va trouver
des détails sur les six corps d'armée, la garde impériale, la cavalerie et l'artillerie. Cette marche est
celle des historiens ordinaires. M. Scott s'est créé
un nouveau genre. Le lecteur en jugera mieux par
l'extrait suivant que par toutes mes réflexions ; il est
dit (page 54): « L'armée était composée de l'élite
« des troupes françaises autrefois accoutumées à
« vaincre sous Buonaparte ; de *ces vieux guerriers*
« qui avaient combattu sous ses ordres dans plu-
« sieurs *grandes batailles*, qui étaient couverts
« d'honorables cicatrices, et *décorés du titre de*
« *noblesse* et autres marques d'honneur ; de *ces*
« *grands maréchaux* nourris dans le métier des
« armes dès leur plus tendre enfance, qui avaient
« constamment mis leur théorie en pratique, et
« qui n'avaient ou ne devaient avoir d'autres es-
« pérances que dans la victoire ; de ces vétérans
« qui avaient été obligés, *après plusieurs batailles*
« *sanglantes*, de céder à la supériorité du nombre,
« et qui venaient d'être délivrés d'une longue cap-
« tivité en Prusse, en Russie, en Angleterre et
« autres pays : *anciennes troupes de la république*,

« remplies de *l'amour de la patrie , amor patriæ ,*
« the IMMENSIS *laudis cupido ,* cherchant avec trans-
« ports la fumée de la gloire à la bouche du ca-
« non....... Le total de cette formidable armée
« montant à 160,000 hommes , avec 400 pièces de
« canon. »

Voilà un échantillon de l'éloquence des journaux
anglais. C'est cependant la pâture favorite de *John
Bull ;* il se moque d'un auteur raisonnable qui rend
justice aux Français. Tout ce qui n'est pas Anglais
est un *french dog,* Turc, Russe, Espagnol, Alle-
mand , Chinois et Américain , tout est compris
sous cette humiliante dénomination , sans aucune
exception. M. Scott ne nous a probablement tant
vantés , à sa façon , que pour faire sentir à ses compatriotes l'importance de la victoire de Waterloo.
Cette *tactique* ne serait pas sans quelque mérite , si
l'auteur n'avait pas tant amplifié ses radotages com-
parativement à la grande armée qui fit l'invasion de
Russie en 1812. Cinq cent mille Français, et confédérés (page 24) n'ayant à combattre que les Russes,
présentent un triomphe bien plus brillant pour leurs
vainqueurs, que 160,000 Français ayant à lutter
contre 1,200,000 alliés (page 50). Le général Scott
nous a avertis, dans sa *dédicace,* qui lui sert aussi
de *préface ,* « qu'il était plus habitué au service des
« camps, qu'au maniement de la plume. » Cet aveu,
qu'on trouve très-superflu, quand on lit sa brochure, ne l'autorisait pas à faire des révélations essen-
tiellement contraires à son projet favori, d'exalter

lord Wellington *sur le pinacle des réputations de tous les siècles passés et futurs.* Le mot latin *immensis* n'est pas correct, et je n'en parle qu'afin de faire considérer comme une erreur typographique, cette discordance de l'adjectif avec son substantif. M. Scott peut fort bien être un petit Cicéron en latinité, quoiqu'il ne soit ni un Marlborough en guerre, ni un Robertson en histoire.

L'armée de Bonaparte était composée, le 14 juin 1815, de six corps d'armée, de la garde impériale et de la grosse cavalerie aux ordres du général Grouchy. Le maréchal Soult était major-général de l'armée. Les six corps étaient commandés par les comtes d'Erlon, Reille, Vandamme, Gérard, Lemarrois et Lobau. On faisait circuler le bruit que le nombre des combattans était de deux cents mille; c'était une ruse de guerre pour faire marcher notre armée avec plus de confiance : la force des présens sous les armes n'excédait pas cent cinquante mille, en y comprenant l'artillerie. Les alliés avaient à nous opposer plus de deux cents mille hommes dans la direction de Charleroi à Bruxelles ; ils avaient en outre l'avantage des positions, qu'ils avaient retranchées avec soin. Ce n'est point ici le lieu de discuter le plan de campagne *adopté* par Bonaparte, contre l'avis de son major-général. Il avait sans doute, pour en agir ainsi, des raisons *péremptoires.* Ne déchirons pas encore le voile qui couvre les scènes abomi-

3

nables de la plus perfide trahison, et bornons-nous à *disséquer* M. Scott.

Cet historien n'a pas trouvé de son goût la proclamation de Bonaparte à l'armée, en date du 14 juin, qui commence par ces mots : « C'est aujourd'hui « l'anniversaire de Marengo et de Friedland », et qui conclut ainsi : « Pour tout Français qui a du « cœur, le moment est arrivé de vaincre ou de « mourir. » Il y a substitué la longue proclamation que Napoléon adressa à l'armée et au peuple français, lorsqu'il effectua son débarquement le 1er. mars 1815, bien digne monument de la folie ou plutôt de la duplicité de son auteur. M. Scott ne s'est pas borné à changer ces documens; il y a fait des contre-sens et des additions qu'un critique impartial ne peut point passer sous silence. Il est dit (page 58) : « *Nous ne devons pas* oublier que nous avons été les « maîtres des nations, *et nous ne devons pas* souffrir « qu'aucune se mêle de nos affaires. » On lit dans le *Moniteur : « Nous devons* oublier, etc. ; mais nous « ne devons pas, etc. » ; ce qui est bien différent. Pourquoi avoir substitué (page 59) « les tours de « Bruxelles » aux « tours de Notre-Dame ? » Il était plus naturel de dire : « les remparts de Bruxelles. » On parle des tours d'une église, ou même des Sept-Tours de Constantinople ; mais cette expression est impropre quand on parle d'une place forte : d'ailleurs, il fallait copier littéralement le document mentionné. Où M. Scott a-t-il trouvé que Bonaparte ait dit (page 60) : « Je veux rendre Paris la *reine* des cités,

« la *résidence* des arts et de toutes les sciences, et
« vos noms, braves guerriers, seront inscrits dans
« ses temples et ses palais ? » De semblables citations
dispensent de tout commentaire.

Si nous en croyons l'auteur (page 64), le 15
juin, à minuit, le duc de Wellington était au bal
chez la duchesse de Richmond, lorsqu'il reçut une
dépêche du général Blücher, qui lui apprenait que
son avant-garde avait été battue le même jour près de
Charleroi. Mais laissons parler M. Scott : « La cons-
« ternation devint générale; les dames *s'évanouirent,*
« et le duc partit sur-le-champ pour aller réparer
« les désastres des *Prussiens* et des *Belges.* Dans
« Bruxelles, les habitans étaient à *leur premier som-*
« *meil*, et on n'entendait d'autre bruit que celui des
« sentinelles. *Mères, filles, amis et amans* dor-
« maient profondément, ou étaient dans le mi-
« lieu *des songes ,* quand tout à coup les tambours
« battent la générale, et le son perçant et rauque
« de la trompette se fait entendre dans tous les quar-
« tiers de la ville *étonnée et épouvantée.* D'abord
« on crut que Bruxelles avait été enlevé par surprise,
« et qu'on allait égorger dans toutes les maisons, en
« violant, pillant et commettant toutes les horreurs
« usitées dans un assaut , *ce qu'aucune langue*
« *humaine ne saurait exprimer.* Comme la troupe
« logeait chez le bourgeois, le soldat se dépêcha de
« s'habiller; et s'il était possible de rire en telle
« occurrence, on l'aurait vraiment fait, en voyant
« des femmes effrayées courir dans les chambres

« des soldats, pour demander protection *contre la*
« *brutale violence*, et les jeunes et les vieilles, de
« tous rangs, regardant par leurs fenêtres, *avec*
« *leurs coiffes de nuit.* Quelques-unes étaient dans
« les rues, moitié déshabillées. Les portes de toutes
« les maisons furent bientôt ouvertes, et on plaça
« *des chandelles* à toutes les fenêtres..........
« ....Alors parut l'illustre Wellington avec son
« état-major, *tous en bonne santé.* Combien peu de
« cet état-major étaient destinés à retourner dans
« leur pays natal ! On assure que le duc dit alors :
« quand un autre général commet une faute, son
« armée est perdue sans ressource ; mais quand je
« me trouve dans quelque embarras, ce qui peut
« arriver à tout le monde, je puis compter que mes
« braves camarades m'en auront bientôt fait triom-
« pher. »

Les amateurs de la langue anglaise me censureront
d'avoir traduit ces mots : « *all in high spirits.* » Par
ceux-ci, « *tous en bonne santé.* » Les uns me di-
ront que j'aurais dû mettre *remplis d'enthousiasme* ;
d'autres prétendront que j'aurais été plus correct en
disant *qu'ils avaient tous cet air calme et serein,*
gage de la victoire. Je pense aussi que quelques go-
guenards ne manqueront pas de dire qu'à minuit un
état-major d'officiers anglais aurait été peint au naturel *sous l'influence du dieu Bacchus ;* j'ai cru éviter
toute objection fondée, en leur donnant à tous *une*
bonne santé. Je pense même avoir bien rendu la
pensée du compilateur. Quant à la description de

Bruxelles, dans la nuit du 15 au 16, je crains bien que le comédien *Mathews* n'intente un procès à M. Scott, comme son plagiaire. Il peut être bien assuré que, ni Titelive, ni Salluste ne lui feront un semblable reproche, quand il ira les visiter dans les Champs-Élisées. Il lui était si facile de copier le tableau du désordre que causa dans Rome la nouvelle de la conjuration de Catilina : « *Ex summâ Lætitiâ* « *atque lascivià, quæ diuturna quies pepererat,* « *repentè omnes tristitia invasit. Festinare, trepidare, etc.* » Mais M. Scott ne voulait pas nous émouvoir, encore moins nous faire pleurer : il a atteint son but, en nous faisant rire. Je le blâme cependant d'avoir fait sortir le duc de Wellington de la salle de bal, sans avoir donné de l'eau de cologne à la duchesse de Richmond, pour la faire revenir de son évanouissement. La galanterie fut toujours la qualité caractéristique d'un chevalier troubadour, ou de l'ordre de la jarretière institué par Édouard III. La comtesse de Salisbury avait-elle plus de droits aux égards du monarque, que la duchesse de Richmond aux hommages du duc de Wellington ?

Avant de donner les rapports relatifs aux deux combats du 16 juin, le général Scott cite le discours de lord Castlereagh au parlement, pour justifier la retraite de lord Wellington. Il y est dit (pages 67 et 68) : « Que les alliés avaient été forcés de se dis- « séminer pour se procurer des vivres, et pour « être en mesure sur toute la ligne, depuis la « mer, jusqu'à Namur. » lord Castlereagh convient

qu'il eût été dangereux d'attaquer les Français ,
avant que toutes les forces des alliés fussent prêtes
pour un mouvement général. Il prétend que Bonaparte a attaqué avec toutes ses troupes *dispo-
nibles :* ce fait est supposé. Il était facile d'entrer
en Belgique avec trois cents mille hommes , et
d'arriver sur le Rhin , quinze jours après le commencement des hostilités. Il est vraiment singulier
que Bonaparte eût eu un million de soldats en
1810 , et qu'il ne pût en réunir, en 1815 , que la
cinquième partie; tandis qu'il avait à sa disposition
six millions de gardes nationales. Lord Castlereagh
a raison de dire que les troupes ont soutenu leur
ancienne répuation ; et moi je lui dis qu'elles auraient renouvellé leurs anciens exploits , si elles
n'avaient pas été vendues et livrées , comme on
vend le bétail à Sceaux, ou au marché de Smith-
field. N'est-t-il pas du dernier ridicule de vou-
loir faire croire que l'armée française , reconnue
la plus belliqueuse de l'Europe , ne saura pas
égaler les Russes et les Espagnols, quand elle aura
des chefs dignes de sa confiance et de son dévoûment ?

Le départ des troupes de Bruxelles (page 68),
est raconté poétiquement. « On voyait et on en-
« tendait de tous côtés le bruit des chariots, *des*
« *marteaux*, le hennissement des *chevaux d'es-*
« *cadron*, le son du cor-de-chasse, le roulement des
« tambours , *et les drapeaux flottans* , et des
« voitures couvertes , prêtes à ramener les blessés;

« idée qui perçait le cœur..... Les 42ᵉ. et 92ᵉ.
« régimens écossais partirent à quatre heures du
« matin, en traversant la place royale. On ne
« pouvait s'empêcher d'admirer leur belle tenue,
« leur joie d'aller se battre, avec *les cornemuses*,
« qui jouaient en tête, et le brillant soleil levant
« qui relevait l'éclat de leurs armes. Avant que
« ce même soleil fût couché, combien de ces
« braves avaient été étendus sur le carreau ? Ils
« se battirent comme des héros, et ils périrent
« comme des héros, la gloire de leur patrie ! » Je
traduis littéralement, afin qu'on ne me taxe pas
de chercher a jeter du ridicule sur l'auteur. On
voit qu'il est partial envers les *chevaux d'escadron*,
puisqu'il ne parle pas des hennissemens des *chevaux de trait*, aussi amateurs de cet amusement,
que pouvaient l'être le Bucéphale d'Alexandre ou le
chargeur de Blücher, tué le 16 juin. Les *drapeaux
flottans*, sont aussi un singulier ornement au tableau, ainsi que les *cornemuses* des Écossais. C'était
en vérité bien inutile de faire tant d'exclamations,
sur un fait aussi trivial que la *tuerie* qui suit une
bataille. Où donc M. Scott a-t-il gagné son grade
de lieutenant-général ?

Encore de la poésie (pages 71, 72 et 73), pour
peindre l'ambition de Bonaparte ! L'auteur le com-
pare à Richard III., ne pouvant pas dormir la
veille d'une bataille. Cependant il le fait haranguer
l'armée dans la matinée du 16. Il dit aussi que le
général Blücher rappela à ses soldats la valeur et

l'ancienne gloire des Prussiens, et que Wellington (page 75) excitait ses troupes à marcher *rapidement* au secours des Prussiens. Ici commence la bataille des Quatre-Bras, dont les détails remplissent 29 pages. Voici l'état sommaire des documens que nous donne le compilateur. 1°. Un extrait du bulletin de Napoléon ; 2°. un extrait de la lettre du maréchal Ney au duc d'Otrante ; 3°. le rapport de lord Vellington ; 4°. un rapport du général espagnol Alava ; 5°. sept lettres particulières ; et 6°. la liste des officiers tués, blessés et prisonniers, qui remplit quatre pages. Tout ce verbiage peut se réduire à une page. Le 16, le maréchal Ney attaqua l'armée anglaise dans sa position des Quatre-Bras. Wellington n'avait pas encore réuni la totalité de ses troupes. Cependant il opposa une vigoureuse résistance. Ney, voulant décider de la journée, donna l'ordre à ses réserves d'avancer. Mais Napoléon en avait disposé, *à son insu*. Tout ce que put faire le maréchal, fut de conserver sa position jusqu'à la nuit. De part et d'autres on se battit avec plus de bravoure que de science. Un général plus audacieux que lord Wellington, aurait profité des renforts amenés par le prince d'Orange, pour séparer le maréchal Ney du reste de l'armée française. Ney n'avait alors que trente mille hommes. Wellington en avait soixante mille, vers les six heures du soir. Ce mouvement était indiqué au général anglais par l'ébranlement qu'il lui fut facile d'appercevoir dans notre ligne. Nos cuirassiers en imposèrent à l'ennemi. L'infanterie reprit som aplomb. Bonaparte renvoya les réserves d'infanterie vers le soir, et les deux armées passèrent la nuit sur le champ de bataille. La victoire fut indécise sur ce point.

Le duc de Brunswick-Oels périt dans cette bataille. Il était fils du célèbre Brunswick, qui vint jusqu'aux portes de Châlons en 1792, et qui mourut des suites des blessures qu'il reçût à la bataille d'Iéna, en octobre 1806. M. Scott a consacré deux pages (86 et 87) à la notice biographique du duc de Brunswick-Oels. Il a voulu faire sa cour à la maison régnante d'Angleterre, en célébrant un prince de son sang. Mais il fallait faire cet éloge dans quatre lignes. On lit dans tous les almanachs de l'Europe, par exemple dans celui de Gotha, page 45, que la princesse Auguste, douairière du duc de Brunswick est sœur du roi d'Angleterre, et que l'épouse du prince régent est la fille de ce duc, sœur du jeune duc tué le 16 juin. Qu'avait on besoin de savoir que M. Langer, gouverneur de ce prince, est encore libraire à Wolfenbuttel ? Pourquoi nous parler du général Langefeld, gouverneur de Magdebourg, mort en 1780, dit M. Scott ? Le prince qui était né le 16 octobre 1771, aurait donc été capitaine d'infanterie à 8 ou 9 ans, pour servir sous ce général, ce qui n'est pas vraisemblable. M. Scott à sans doute voulu dire 1790. Le Grand-Frédéric ne donnait pas ses compagnies à commander à des enfans hors d'état de faire leur service. Je sais que cet abus a existé dans plusieurs armées du dernier siècle. On en est bien revenu, et l'on doit dire que le corps d'officiers en Prusse, est organisé avec le plus grand soin, depuis le roi Frédéric-Guillaume Ier.

J'abuserais de la patience du lecteur, si je lui donnais l'analyse des lettres particulières relatives au combat des Quatre-Bras. On en jugera par un extrait d'une lettre d'un officier des gardes anglaises (page 94) : « Dans la soirée du 15, nous apprîmes « que les Français avaient *dépassé les frontières*, « et on nous donna l'ordre *de nous tenir prêts à* « *marcher. A deux heures*, nous reçûmes l'ordre « de départ, et à *trois heures*, nous étions en route. « Nous passâmes par *Braine-le-Comte*, et nous « vînmes bivouaquer près de *Nivelle*. Pendant que « *nous étions à nous reposer*, nous reçûmes l'ordre « de marcher sur la gauche. Bientôt nous enten- « dîmes un feu très-vif, et nous rencontrâmes beau- « coup de *Belges blessés* qui se retiraient. *A cinq* « *heures*, le général Maitland arriva au galop, et « ordonna aux *grenadiers* de débusquer les Français « *d'un bois*, ce qui fut *complettement exécuté* dans « une demi-heure. Quand nous nous déployâmes « *de l'autre côté du bois*, l'ennemi nous écrasa « *par une grêle de boulets et de mitraille*, qui nous « fit juger prudent *de battre en retraite*. Nous dé- « bouchâmes du bois *dans une autre direction*, « et aussitôt nous fûmes *attaqués par des colonnes* « *ennemies* qui se déployèrent très-régulièrement, « et *nous forcèrent à reculer quelques pas*. Nous

« éprouvâmes *une grande difficulté à nous remettre*
« *en ligne.* Enfin, *nous y réussîmes* avec le 3º.
« *bataillon de notre régiment,* et *nous culbutâmes*
« *tout ce qui était devant nous.* Nous prîmes des
« canons. Les Français nous *attaquèrent* de nou-
« veau, *nous repoussèrent une seconde fois,* et leur
« *cavalerie* fit mine *de charger ;* mais *un carré* des
« *Brunswicks noirs* s'avança ; pendant que nous
« nous réfugiâmes dans le bois. Placés le long des
« fossés, nous fîmes un grand carnage de l'ennemi.
« Notre *perte* a été *très - considérable.* Il ne me
« reste que 43 hommes des 84 dont ma compagnie
« était composée avant l'action. » Je suis à concevoir pourquoi le correspondant de M. Scott a
souligné presque la moitié de sa lettre. J'ai donné
cette pièce littéralement, afin que le lecteur puisse
apprécier les documens de ce genre, dont M. Scott
a fait ample provision pour grossir son volume, et
le rendre ainsi plus présentable à son Mécène.

Dans cette même intention, il est entré dans des
détails géographiques et historiques sur Charleroi
et Namur (pages 106, 107 et 108), pour bien
nous faire comprendre les manœuvres de la bataille de Ligny. Très-avare de ses réflexions, quand
il s'agit d'opérations militaires, le général Scott
nous donne tout simplement, d'abord le rapport
français, et ensuite le bulletin prussien : peine su-
perflue ; les Anglais en avaient déja cent mille
copies qui avaient paru dans les journaux. L'examen
de cette bataille est du domaine de l'histoire.

Blücher et Bonaparte firent de grandes fautes. La fortune *favorisa* le général prussien, qui, après avoir été enveloppé par les Français, eut le rare bonheur d'être délivré par sa cavalerie. Les affaires du 16 coûtèrent aux deux partis vingt-quatre mille hommes hors de combat. Notre perte fut de dix mille hommes ; celle des Anglais, quatre mille ; et celle des Prussiens, dix mille : ceux-ci avaient perdu la veille deux mille hommes. M. Scott regarde ces détails comme insignifians. Il a tort. Le lecteur sait gré à un historien qui lui épargne la peine de consulter à chaque instant les rapports officiels, tandis qu'il est indigné qu'on lui mette sous les yeux la même affaire dans huit ou dix narrations qui ne diffèrent que par les caprices des écrivains! Il a encore tort, M. Scott, quand il dit (page 16) : « Le lecteur jugera que pour avoir « une notion exacte de ce qui s'est passé, il faut « lire d'abord les documens officiels, et ensuite y « joindre les informations particulières sur tout ce « qui a eu lieu. » C'était à M. Scott à faire ce triage dans le calme du cabinet, et à nous donner une histoire finie et non pas les *matériaux bruts* de la campagne de 1815 ; mais alors sa brochure n'aurait pas eu plus de 60 pages, et il n'aurait pas osé en faire hommage à un duc du royaume-uni.

Je m'attendais bien à ne plus entendre parler de la bataille des Quatre-Bras, puisque le compilateur venait de donner les pièces officielles de celle de Ligny. M. Scott, comme je l'ai déjà ob-

servé, veut être extraordinaire : il y réussit au-delà
de son attente en impatientant outre mesure le
lecteur le plus aguerri contre les bavardages sem-
piternels des gazetiers anglais. Après avoir raconté (pages 118 et 119) la retraite des Prussiens sur
Wavre, et celle des Anglais sur Waterloo, il nous
donne encore quatre lettres particulières sur l'affaire
des Quatre-Bras, dans le genre de celles de l'officier
des gardes. Je crois cependant devoir répondre à
un extrait de celle d'un officier de dragons (pag. 126),
qui dit «que les Français ont pillé, insulté, et même
« égorgé de sang froid des officiers anglais *qui
« avaient mis bas les armes*, et que Bonaparte avait
« donné l'ordre d'*assassiner les prisonniers*. » Il
conclut sa lettre en disant « qu'il s'est échappé *après
« avoir vu* soixante-dix de ses camarades impi-
« toyablement massacrés.» Il est vrai que cette
lettre n'est ni datée, ni signée ; mais elle est publiée par un officier général ; et l'acceptation de
la dédicace de cette brochure par lord Wellington ,
lui donne un degré d'authenticité qui *exige une
enquête* pour faire condamner un personnage qui
ose insulter avec tant d'impudence des guerriers
dont la conduite militaire a obtenu les suffrages
de l'Europe, quoiqu'elle dût censurer leur conduite
politique.

On n'a pas oublié le refus formel de l'armée
française d'obéir au décret de la convention , qui
ordonnait de ne pas faire de prisonniers. Les Anglais
eux-mêmes ont proclamé , dans plusieurs circons-

tances , la générosité des soldats français ; et c'est en 1815 , lorsque les Anglais ont été à même de se convaincre par eux-mêmes de la loyauté française , qu'un de leurs généraux ose les accuser du plus lâche des forfaits , *l'assassinat d'un ennemi désarmé !* M. l'officier de dragons a eu vraiment une patience difficile à concevoir , de rester le tranquille spectateur du massacre de *soixante-dix* de ses camarades ! la lettre tend à faire croire qu'ils étaient tous officiers (many of our bravest officers). Il a cependant la bonhomie de nous dire qu'il supprime les noms de ces officiers , pour ne pas chagriner les amis qui leur ont survécu. Quelle délicatesse ! comme si ces amis devaient ignorer éternellement la *prétendue* mort de ces officiers ! Je suis fâché de le dire , mais je le dois à la justice qui guide ma plume , les officiers anglais ne rendent pas aux officiers français les égards que ceux-ci leur ont témoigné dans tous les tems. Les deux nations sont faites pour s'estimer ; mais si l'une veut sans cesse opprimer l'autre , la loi du *talion* ne doit pas tarder à recevoir son application. En attendant, j'engage fortement le général Scott à faire un meilleur choix de ses correspondans ; et j'invoque toute la sévérité des lois anglaises pour la suppression de son ouvrage, et la punition exemplaire de l'auteur de l'accusation que je viens de mentionner.

Plusieurs pages sont employées à raconter les réjouissances de la France et le désordre de Bruxelles et des environs, comme résultat des affaires du 16 juin. La déroute d'un régiment de cavalerie belge, qui fut saisi d'une terreur panique, est rapportée avec toute la complaisance d'un Anglais à qui on a prêté sujet de se moquer. Encore un tableau comme celui que j'ai déja cité, quand on apprit à Bruxelles l'entrée des Français en Belgique ! Si nous en croyons M. Scott (page 130), tout Bruxelles se serait rendu en poste à Anvers, tant on était effrayé des horreurs qu'on redoutait des Français. Qui avait donc rendu les Bruxellois si méfians? Pendant vingt ans, il y avait eu garnison française à Bruxelles, et j'ai vu les habitans de cette ville se conduire envers nos officiers et nos soldats avec tous les égards qu'on a dans tous les pays pour les défenseurs de la patrie. Le général Scott, par cette terreur ridicule, a voulu rappeler à *John Bull* ce qui lui serait arrivé, dans le cas où nous aurions réussi à faire une descente en Angleterre. Il a cherché à faire sa cour au gouvernement, en justifiant par un conte pour rire, la sévérité des mesures adoptées par le cabinet de *Saint-James*. M. Scott aurait tout aussi bien fait de nous parler d'une caricature fort bizarre, dont le public s'amusa longtems, en 1805 : on voyait les douze membres du ministère anglais habillés en goujats, chasser avec de grands fouets des troupeaux de cochons et de dindons; malgré toute la vigilance des gardiens, des bandes de gros lévriers à longs poils, chiens de Français, ou *french dogs*, faisaient *main basse* sur le bétail, et don-

naient aussi des coups de dents dans les fesses des
conducteurs. Le Judas, ou treizième ministre,
Napoléon, était dans un coin du tableau avec deux
visages, d'un côté animant les chiens avec le son de
son cor, et, de l'autre, riant de bon cœur de l'embarras des seigneurs *Roastbeefs*.

Il faut conter à des enfans (page 131) « que
« dans la précipitation de la fuite, beaucoup de
« Bruxellois, femmes, enfans et vieillards furent
« écrasés, et que les marchands abandonnèrent
« leurs denrées et leurs maisons au pillage de la
« populace. » Les routes qui avoisinent Bruxelles
sont assez larges pour éviter un pareil encombre-
ment ; les négocians ne sont pas si faciles à effrayer
que le suppose l'écrivain anglais, et, s'il fallait
vérifier son assertion, on serait bientôt convaincu
qu'il n'y eut d'individus étouffés et de maisons pil-
lées que dans l'imagination romanesque de M. Scott.
Il va même jusqu'à nous dire (page 132) : « L'a-
« larme fut si grande dans Bruxelles le 17, samedi
« soir, qu'on ne put pas trouver à louer pour
« cent louis une paire de chevaux pour aller jus-
« qu'à Anvers, qui n'est qu'à une distance de dix
« lieues. » La Belgique abonde en chevaux ; pour
quinze louis, on a un bon cheval de trait. Il n'est
donc pas probable qu'on ne put pas avoir, pour
le travail d'un jour, deux chevaux dont on aurait
pu avoir la propriété pour le tiers de la somme
dont parle M. Scott. Il fallait donner une base aux
autres assertions, sur la frayeur des Bruxellois. Le

compilateur, qui connaît le génie de ses compatriotes, a cru avoir trouvé la pierre philosophale, en avançant qu'on n'avait pas pu faire en Belgique pour cent louis, ce qu'on fait en Angleterre pour un. Après avoir lu ce roman, le fermier anglais pousse un profond soupir, avale un verre de bierre, et dit gravement : « Il vaut encore mieux payer « d'énormes taxes, que d'être obligé de fuir à pied « comme les habitans de Bruxelles. » Et voilà justement comme, par M. Scott et autres écrivains de son *acabit*, les ministres anglais ont bouleversé le monde par le moyen de leur or, qu'on peut presque regarder comme le point d'appui demandé par ce philosophe qui disait :

Dic ubi consistam, cœlum, terramque movebo.

L'auteur arrive enfin à la bataille de Waterloo, dont les détails remplissent quatre-vingt-dix pages, depuis 134 jusqu'à 224. Le lecteur est sans doute étonné de tant de prolixité. J'éprouve un sentiment contraire : je trouve que M. Scott, jaloux de donner un gros volume, à eu grand tort de ne pas accomplir son projet, en multipliant ses citations sur Marlborough et les autres généraux anglais qui ont combattu dans les Pays-Bas. Après avoir parlé de Ramillies et de Malplaquet, il aurait donné quelques détails sur les batailles de Fontenoi et d'Honscoote. Un trait *de génie* ne doit point être passé sous silence par un examinateur loyal, pas plus qu'une

4

omission (page 135). « *Il a changé* son nom, dit
« M. Scott, pour celui de Wellington, qui est
« considéré par plusieurs comme *éclipsant* le héros
« de Bleinheim. Quant à moi, j'aime mieux les
« placer *côte-à-côte*, tels que *Castor et Pollux*,
« également brillans dans la *voie lactée* du mérite. »
On ne sait point à quoi se rapportent ces mots,
« *il a changé.* » L'imprimeur a sans doute omis ces
mots après Bruxelles, « où il y avait un grand hôtel
« sous le nom de *Marlborough.* » De telles négli-
gences font tort à un auteur qui paraît manquer de
respect au public. L'idée d'assimiler deux grands
guerriers à *Castor et Pollux*, est d'une originalité
ravissante. J'engage M. Scott à lire l'Encyclopédie,
par Diderot et d'Alembert, édition *in-8°.*, vol. 6,
page 496; il pourra dans une seconde édition donner
à son parallèle un plus grand développement. Il y
est dit : « Castor et Pollux se distinguèrent dans les
« jeux de la Grèce, *Castor* par l'art de dompter et
« de conduire les chevaux, ce qui le fit appeler
« *dompteur de chevaux*; *Pollux*, par l'art de lutter,
« ce qui le fit regarder comme *le patron des ath-*
« *lètes.* » Quand au vœu de M. Scott, de voir lord
Wellington briller également dans la *voie lactée*,
à côté de Marlborough, je crois qu'il a commis une
indiscrétion, sa seigneurie préférant les plaisirs de
Paris à toutes les voluptés de l'Olympe. En général,
les Anglais aiment le *solide.*

Je prie le lecteur d'excuser mes longues réflexions.
Pourquoi aussi M. Scott place-t-il les siennes *entre*

deux auberges, la *Belle-Alliance* et l'*hôtel Wellington* de Bruxelles ? Le 18 juin, la droite de l'armée anglaise était appuyée à Merbe-Braine ; son centre était sur un plateau entre les fermes de Mont-Saint-Jean et de la Haye-Sainte, et sa gauche était protégée par un ravin en arrière de Frishermont. Un corps prussien était à Jean-Loo. Le reste de l'armée, avec Blücher, était du côté de Wavre, communiquant librement avec lord Wellington par Ohain. M. Scott, qui se pique d'être exact dans ses descriptions, ne dit rien de la ferme du *Caillou*, où Napoléon eût son quartier-général le 17 juin. Cela eut plus intéressé le lecteur que ses longues phrases sur les bosquets, les vergers, les orangers, les géraniums et les rosiers du château de *Hougoumont*. A quoi nous sert-il de savoir que les vingt maisons qui forment le village de Waterloo sont bâties à la hollandaise et couvertes d'ardoises ? Quelle nécessité de consacrer les pages 139 et 140 à la description de Bruxelles, qui se trouve à plusieurs lieues du champ de bataille ? Tel est le plan de M. Scott ; le parc lui a plu, il veut en donner la description. Il faut que le lecteur se prête à ses caprices. Il parle du maréchal de Villeroy et du duc de Marlborough, lorsqu'il devrait nous entretenir du duc de Wellington et de Napoléon.

Je ne partage pas l'opinion du général Scott (page 144), sur le projet des alliés de nous attaquer le 18. Lord Wellington, dans son rapport officiel, se borne à dire : « Le maréchal Blücher m'avait

« promis , dans le cas où nous serions attaqués,
« de me soutenir par un ou plusieurs de ses corps,
« selon que cela serait jugé nécessaire. Dans la nuit
« du 17, et dans la matinée d'hier (18) , l'ennemi
« rassembla toute son armée à l'exception *du troi-*
« *sième corps* qui fut envoyé pour observer le ma-
« réchal Blücher sur une chaîne de hauteurs qui nous
« faisait face , et vers les dix heures il attaqua avec
« la plus grande vigueur notre poste de Hougout-
« mons , etc. » M. Scott dit de son côté : « Blücher
« communiqua avec Wellington, et le dimanche ,
« 18 juin , fût le jour fixé pour faire un effort
« combiné contre l'ennemi ; soit pour recevoir son
« attaque , soit pour attaquer eux - mêmes Bona-
« parte. » Cet oracle *scottien* est suivi d'un passage de la tragédie de Caton. L'auteur a sans doute
entendu dire que les prédictions des sibylles étaient
en vers, et il croit les imiter en dépouillant M. Addisson, qu'il ne cite pas. Je puis l'assurer que sa
rage poétique n'est point agréable au lecteur qui aurait préféré une prose simple, vraie et correcte, avec
des réflexions analogues au sujet.

Je ne parle point à présent de l'erreur de lord
Wellington sur le détachement de notre armée
contre Blücher; je veux suivre pas à pas le général
Scott. Voici un échantillon de la sublimité de ses
réflexions sur la bataille de Waterloo (page 144).
« Quand nous considérons la bonté de Dieu en
« nous accordant *le sommeil ;* l'anatomie du corps
» humain qui exige une année de la plus grande

« application pour connaître tous les muscles, les
« veines, les artères, les nerfs de cette merveil-
« leuse machine, que chaque os est adapté pour ses
« usages particuliers, nous sommes vraiment éton-
« nés que tant d'êtres raisonnables puissent s'as-
« sembler de sang froid, en présence du maître du
« ciel qui voit tout, pour disloquer ces os si pro-
« prement arrangés, pour couper ces muscles si
« sagement disposés, pour ouvrir ces veines et les
« artères fermées et protégées d'une manière si
« curieuse, et pour exterminer ces nerfs distribués
« dans tout notre corps pour nous faire éviter le
« danger.... Vous, ministres de l'évangile de Jésus-
« Christ, élevez vos voix contre ces scènes de crimes,
« et prêchez : « Paix sur la terre, et bienfaisance en-
« vers le genre humain, » et puisse la criminelle
« guerre cesser de désoler l'univers ! » Voilà une
capucinade qu'on n'aurait point soupçonné venir
d'un général anglais. Est-ce que M. Scott a appris
son métier chez les moines ? C'est sans doute pendant la guerre d'Espagne qu'il aura copié de quelque sermon cette sortie contre l'art de la guerre. Il
peut-être assuré que ce n'est pas le chemin qui le
conduira au grade de feld-maréchal. Lord Castlereag ne sera nullement satisfait de ses lamentations
sur les malheurs des belligérans.

Nous touchons au grand événement. Pour nous y
préparer, M. Scott nous donne la situation de
Londres, le 18 juin (page 146). « Le dimanche,
« 18 juin 1815, fut passé *selon l'usage* avec toute

« la *sobriété* et la religieuse dévotion qui distin-
« guent le peuple d'Angleterre. C'était un jour bien
« intéressant, et les prières les plus ardentes furent
« adressées au ciel pour le salut de l'armée anglaise.
« A *Paris*, tout était gaîté. Ce *peuple frivole*, ainsi
« que *sa religion le lui permet*, après avoir assisté
« à l'office divin qui se récite en *latin*, passa la
« soirée *au bal et au spectacle*, et on portait aux
« nues le grand empereur qui avait défait les Prus-
« siens, les Anglais et les Hollandais. La nouvelle
« de cette défaite avait alarmé considérablement la
« nation Anglaise. Les fonds baissèrent et la cons-
« ternation était générale......, quand *tout à coup*
« les canons du Parc et de la Tour annoncèrent
« une grande victoire, et le bulletin suivant fut
« affiché à la mairie. » Après ce bulletin qui est un
extrait du rapport de lord Wellington, le général
Scott dit (page 147) : « Joie universelle, tout était
« fracas et tumulte ; du plus triste désespoir, les
« Anglais passèrent au comble de la satisfaction ; à
« peine pouvaient-ils en croire leurs propres sens.
« Ce jour on publia, édition sur édition, des pa-
« piers-nouvelles qu'on lisait avec grande curiosité.
« On fit circuler plusieurs rapports sur la perte
« éprouvée dans ce combat sanglant, et chacun se
« demandait si Bonaparte, l'auteur de tous ces dé-
« sastres était pris, ou mort, ainsi qu'il convenait
« à un empereur, sur-le-champ de bataille. »

Ce fut le 22 juin qu'on apprit à Londres la nouvelle de la bataille de Waterloo. Ainsi les Anglais

furent dans les angoisses les plus mortelles les 19,
20 et 21. Le *tout à coup* de M. Scott est donc aussi
risible que la *sobriété* observée le dimanche en
Angleterre. Il est vrai que les Anglais ne vont ce
jour-là, ni au bal, ni au spectacle. On pousse
même le ridicule jusqu'à ne pas faire de la musique
dans les sociétés particulières ; mais on se dédom-
mage bien de ces privations de *plaisirs publics*,
par des *péchés secrets*, et par conséquent à moitié
pardonnés. D'ailleurs, c'est fort commode en Angleterre où l'on n'est pas obligé de se confesser. Je
puis garantir à M. Scott qu'il y a autant de religion
à Paris qu'à Londres, quoiqu'on fasse le service en
latin; et quand aux mœurs, je suis trop galant, et
j'aime trop les femmes de tous les pays, pour jetter
la pomme de discorde. Si le vendredi est cher aux
Parisiens pour les bonnes fortunes de l'Opéra ou du
boulevard dit de *Coblentz*, le dimanche ne l'est
pas moins aux amoureux de Londres, pendant
que les maris sont occupés à déguster le Porto, le
Madère et le Bordeaux. Chaque pays a ses usages,
comme chaque âge a ses plaisirs. La frivolité pari-
sienne sera toujours préférée à la taciturnité des
habitans de la cité de Londres. La preuve de mon
assertion est dans le quartier de Westminster, où
tout ce qui se pique d'être du bon ton, a adopté
le genre Parisien. Mais on y voit encore beaucoup de ladys *Bibenbrock*, parfaitement imitées
par *Potier* dans les *Anglaises pour rire*. Les Anglaises sont, en général, belles femmes ; la natura-

a donné plus de grâces aux françaises : mais revenons à M. Scott.

La force de l'armée anglaise, à la bataille de Waterloo, est évaluée à 94,500 combattans (page 161). Les prussiens étaient 120,000 hommes avant la bataille du 16. Le 17, Bonaparte les fit poursuivre par le général Grouchy, avec un corps de 50,000 hommes. Déduction faite des pertes que notre armée avait éprouvées depuis son entrée en Belgique, nous n'avions à mettre en ligne contre les Anglais, le 18, que 90,000 hommes ; les Anglais avaient donc la supériorité du nombre, et l'avantage d'avoir retranché leur position. Lord Wellington connaissait trop bien l'impétuosité française, quoi qu'en dise M. Scott, pour ne pas réunir en sa faveur toutes les chances qui lui promettaient la victoire. Il avait été bien secondé par Napoléon, qui avait détaché le tiers de son armée sur un point où mille chevaux auraient été plus que suffisans, jusqu'à ce qu'on eût eu battu l'armée anglaise. Blücher fit au général Grouchy *le même tour* que le prince Eugène avait joué au prince Jean, à l'époque de la bataille de Wagram, en 1809. Comment notre armée, ainsi disséminée, aurait-elle pu résister aux alliés ? L'armée prussienne seule, était plus forte que nos troupes qui attaquaient la position de Mont-Saint-Jean : aussi, le maréchal Ney a-t-il eu raison de dire dans sa lettre au duc d'Otrante : « Ainsi, vingt-« cinq à trente mille hommes *ont été, pour ainsi* « *dire, paralysés,* et se sont promenés, pendant

« toute la bataille , l'arme au bras , de la gauche à
« la droite, et de la droite à la gauche , *sans tirer*
« *un seul coup de fusil*....... Comment l'Empereur ,
« après le passage de la Sambre , a-t-il pu conce-
« voir la possibilité de donner *deux batailles dans*
« *un jour?* c'est cependant ce qui vient de se passer
« contre *des forces doubles* des nôtres , et c'est ce
« que les militaires qui l'ont vu , *ont encore peine*
« *à comprendre*....... Cependant , quel fut mon
« étonnement ; je dois dire , *mon indignation*,
« quand j'appris , quelques instans après , que non-
« seulement M.. le maréchal Grouchy n'était pas
« arrivé à notre appui , *comme on venait de l'as-*
« *surer à l'armée*, mais que quarante à cinquante
« mille Prussiens attaquaient notre extrême droite,
« et la forçaient de se replier. Soit que l'Empereur
« se *fût trompé* sur le moment où M. le maréchal
« Grouchy pouvait le soutenir , soit que la marche
« de ce maréchal eût été plus retardée qu'on ne l'a-
« vait présumé par les efforts de l'ennemi , le fait
« est qu'au moment où on nous annonçait son ar-
« rivée , *il n'était encore que vers Wavre*, sur la
« Dyle. C'était pour nous , *comme s'il s'était trouvé*
« *à cent lieues de notre champ de bataille*, etc. »
Le général Scott s'est bien gardé de rapporter la
fin de la lettre du maréchal Ney au duc d'Otrante ;
quoiqu'il en eût fait connaître le commencement
avec de longs commentaires (page 78 , 79 et 80).
Ces mots, relatifs au général Grouchy : « *comme*
s'il se fût trouvé à cent lieues, etc. » étaient une

révélation trop manifeste de la trahison de Napoléon, et l'auteur anglais s'est bien donné de garde
de copier toute la lettre du maréchal Ney, bien
plus intéressante que celle du général Grouchy, en
date de Dinant, du 20 juin, qui est rapportée toute
entière (pages 151, 152 et 153). Je n'examinerai
point ici les fautes commises par Wellington et par
Napoléon, dans la journée du 18. C'est M. Scott
qui est l'objet de ma critique, et je le censure vive-
ment d'avoir imité ce flatteur si bien peint par
Horace dans ces vers :

> . . . *Clamabit enim, pulchrè! benè! rectè!*
> *Pallescet super his; etiam stillabit amicis*
> *Ex oculis rorem, saliet, tundet pede terram.*
>
> Horat. Art. poét.

Le lecteur partagera mon opinion, après avoir
lu l'extrait suivant (page 158) : « En général, le
« duc de Wellington se trouva dans les endroits les
« plus périlleux : on regarde comme un *miracle*
« qu'il nous ait été conservé ; tous les officiers de
« l'état-major ont souffert dans leurs personnes,
» ou ont eu leurs chevaux tués ou blessés, tandis
« qu'il restait seul sain et sauf au milieu du car-
» nage, encourageant son armée par *son exemple*,
« autant qu'il lui était utile par *son génie*. Il est bien
« constaté que, dans plus d'une occasion, on l'a
« vu rallier l'infanterie dispersée, ou se plaçant à la
« tête de carrés organisés, et les encourageant à
« attendre avec fermeté les attaques dont la cava-
« lerie ennemie les menaçait. »

On voit que M. Scott ne se fait point scrupule de chasser sur les terres des catholiques, quand il a besoin de notre doctrine pour renforcer son éloquence. La conservation du lord Wellington, due à un *miracle*, ne sera point approuvée par l'archevêque de Cantorbéry. Un miracle est un acte de la puissance divine, contraire à la nature, et la religion anglicane n'admet que ce qui peut être *vu et touché à l'œil et au doigt*. Je respecte aveuglément toutes les religions, et je ne censure l'opinion de M. Scott, que parce qu'il s'écarte de celle de son pays. Pourquoi nous représenter lord Wellington comme *une salamandre*, espèce d'herbe imcombustible qu'on trouve dans les rivières de Chinchin, en Tartarie? Je ne révoque pas en doute le *courage* de son excellence; mais je n'aime pas à voir exalter comme *principale*, une qualité indispensable dans tout militaire, et qui n'est que *secondaire* dans un général en chef. M. Scott n'a pas été plus heureux en rapportant l'éloge que le général espagnol Alava fait du duc de Wellington. Cependant, quoiqu'il soit exagéré, il déplaît moins au lecteur de la part d'un étranger, que de la part d'un Anglais. Le général espagnol dit (page 68) : « Wellington « possède cette valeur qui se compose de la bra- « voure sur le champ de bataille, et de cette « habile résolution du cabinet qui détermine à « propos l'attaque et la retraite, et qui sait éga- « lement vaincre par le délai, ou par la rapidité, « ou même l'impétuosité d'une attaque ; qui sait

« être à propos comme Fabius , *un nuage épais sur*
« *le sommet des montagnes*, ou comme Scipion ,
« *un foudre de guerre*, et qui, enfin, sans se laisser
« influencer par une fausse pitié, sait prendre un
« parti décisif pour obtenir la victoire, à quelque
« prix qu'elle doive être achetée. »

Voilà certainement beaucoup de qualités réunies
en un seul individu, puisqu'il se trouve égaler
Alexandre et Condé , César et Turenne. Je doute
que les militaires du jour et la postérité sur-tout, ce
juge impartial et inflexible, confirment le jugement
de M. Alava. Il a beau nous dire (page 167) :
« Pendant ce combat difficile et terrible, le duc de
« Wellington remplit *les devoirs d'un officier de*
« *tout rang*. Comme commandant en chef, comme
« général de division, et comme colonel de régi-
« ment, il fit les plus grands efforts pour encourager
« les troupes à résister, et à repousser les nombreuses
« et dangereuses attaques de l'ennemi. Vers le soir,
« Bonaparte lui-même, à la tête de sa garde impé-
« riale , fit une attaque désespérée contre les gardes
« anglaises , qui, *sur-le-champ* , *repoussèrent les*
« *Français*. La bataille dura jusqu'à neuf heures du
« soir, et enfin nos troupes triomphèrent des vi-
« goureux efforts d'un ennemi *bien supérieur en*
« *nombre*... Mais le duc de Wellington , avec sa *vi-*
« *vacité accoutumée* et la fermeté de son caractère ,
« observant que la retraite de l'ennemi s'effectuait
« avec beaucoup de confusion , ordonna un mou-
« vement général en avant contre l'armée française.

« En conséquence, *les Anglais attaquèrent* la posi-
« tion de l'ennemi, et le mirent dans une déroute
« *sans exemple dans les annales de l'univers.* »
C'est s'y prendre fort maladroitement pour louer un
personnage, que d'avoir la prétention d'en faire un
Michel-Morin, car l'on finit par faire croire qu'il
n'a fait que l'office *de la mouche du coche.* Un
général en chef a assez de besogne à remplir ses
fonctions, sans aller se charger de celles du général
de division, encore moins des devoirs d'un colonel, etc.

On sait aussi à quoi s'en tenir, quand on dit que
la garde impériale *fut repoussée sur-le-champ;* et
on sourit de pitié, quand on lit que nous étions *su-*
périeurs en nombre, tandis qu'il est prouvé, par
l'état de situation des deux armées, qu'avant l'arrivée
des Prussiens, les alliés avaient dix mille hommes
de plus que les Français, dans les retranchemens
du Mont-Saint-Jean. J'avais bien entendu parler de
la *prudence* du duc de Wellington, et sa conduite
militaire avait confirmé cette opinion; mais je n'a-
vais jamais oui dire que sa seigneurerie fût sujette à
cette *vivacité* française, que Bonaparte appelait *furia*
francese, et qu'il prétendait être notre qualité dominante. C'est ce que César a voulu dire, quand
il a affirmé « que notre nation était aussi ardente à
« entreprendre, que prompte à se désister de ses
« desseins. » Le général Alava n'a pas été exact. Si
les Anglais avaient attaqué seuls notre position, ils
auraient trouvé *à qui parler.* Il fallait donc dire

qu'une *armée de Prussiens*, plus nombreuse que l'armée française, avait manœuvré contre notre droite, et même menacé notre ligne d'opérations. Il est très-vrai que la déroute fût générale ; mais la faute n'en est, ni aux officiers, ni aux soldats français. Ils furent livrés *pieds et poings liés*, par les perfides combinaisons de Napoléon. Je me charge de prouver que la bataille de Waterloo ne fût qu'un *infâme guet-à-pens* dont l'exécrable auteur mérite le supplice de la roue; moins pour avoir fait périr une foule de brave gens, que pour avoir cherché à déshonorer une armée que cent victoires avaient placée au rang des héros, et pour avoir accablé des *terribles charges* de la guerre une nation qui ne s'égara que par son trop d'empressement à se ranger sous différens chefs dont elle attendait le bonheur ; conduite versatile, je l'avoue, mais bien excusable, après tant d'infortunes.

Je dois aussi faire observer que le rapport du duc de Wellington , que le général Scott aurait dû joindre à sa brochure, comme une pièce justificative, est imprimé comme *texte*, depuis la page 148 jusqu'à la page 188. Le compilateur a donné tant d'extension à ce rapport, qui n'est que de quatre pages , en ne plaçant qu'une ou deux lignes en tête des pages qu'il remplit avec des documens *particuliers* dénués de tout intérêt. J'en excepte cependant les détails sur le maréchal Blücher (pages 170 et 171). Voici ce que dit M. Scott :
« Blücher entra au service du tems du grand Fré-

« déric. Ayant éprouvé une injustice, il demanda
« à quitter le service. Il reçut pour réponse : « Le
« capitaine Blücher a la permission de quitter le
« service, et même *d'aller au Diable*, si cela l'a-
« muse. » Il devint fermier et bientôt grand bailli
« de la province où il résidait. A la mort du grand
« Frédéric, qui arriva quinze ans après que Blücher
« eût quitté le service, il rentra dans l'armée
« avec le titre de major des hussards noirs. Il fut
« bientôt nommé lieutenant-colonel ; et dans la
« même année, il obtint le rang de colonel. En
« 1789 il fut investi de l'ordre du *Mérite*. Le gé-
« néral Blücher est un soldat dans toute la force
« du terme. Il s'est formé au commandement, sur
« le champ de bataille. » (Ici est son éloge, par
M. Scott, dans le genre de celui de lord Wellington.) « Après la bataille de Leipzick, notre
« vétéran fut promu au grade de feld-maréchal,
« et élevé à la dignité de prince de Wahlstatt. Ces
« titres flatteurs lui furent annoncés par une lettre
« du roi Frédéric-Guillaume III, en date de Leip-
« zick, du 20 octobre 1813. « Général Blücher,
« lui dit le monarque, vos nombreuses victoires
« vous donnent tous les jours tant de nouveaux
« titres à la reconnaissance de la patrie, que je
« me trouve presque embarrassé pour vous en
« témoigner toute ma satisfaction. Recevez comme
« une preuve de ce sentiment, votre nomination
« au rang de feld-maréchal, avec mes vœux pour
« que vous jouissiez longtems de cette dignité pour

« le bonheur de votre pays , et pour l'exemple
« de l'armée que vous avez si souvent conduite
« dans le chemin de la victoire et de l'honneur.
« *Signé* Frédéric-Guillaume. »

J'ai supprimé l'éloge du général Blücher, parce
qu'il aurait déplu à ce brave général : le vrai mérite
n'a pas besoin d'être adulé; d'ailleurs, la lettre du
roi est bien plus éloquente que les plus savans pané-
gyriques. Je désapprouve M. Scott de nous avoir dit
(page 172) que le général Blücher avait répondu :
« *Vive le diable!* » quand les Français avaient crié :
« *Vive le Roi!* » Quel est le document qui peut justifier une assertion si peu vraisemblable? Partisan
zélé du système politique européen , le maréchal
Blücher est un des plus ardens défenseurs des souverains légitimes. Je suppose que dans l'ardeur de
la victoire , il fût échappé à ce héros quelques plai-
santeries sur la versatilité des Français , dont les
uns criaient *vive l'Empereur!* et d'autres *vive le Roi!*
était-ce à un homme qui se flatte d'être historien,
d'aller rappeler une expression dérisoire à côté
d'un cri si cher à tous les royalistes ? L'honneur
et la loyauté qui caractérisent le maréchal Blücher
réfutent de la manière la plus authentique les bali-
vernes dont l'auteur a grossi sa brochure. Il faut
traiter avec le même pyrrhonisme les détails con-
signés page 173. M. Scott a la bonhommie de nous
assurer qu'on trouva sur le champ de bataille de
Waterloo , non-seulement la garde-robe ordinaire
de Bonaparte, avec le grand costume qu'il portait

le jour du champ-de-mai, mais encore toute la garde-robe de Marie-Louise, composée de costumes de la plus grande magnificence. Si le fait est vrai, on serait tenté de demander à M. Scott si cet envoi est parvenu *à sa destination*.

Un autre passage que j'ai lu avec plaisir, c'est l'éloge de sir Thomas Picton (pages 174 et 175). Cet officier avait servi dans la péninsule avec la plus grande distinction, ainsi que j'ai eu occasion de le mentionner dans mon *Histoire de la guerre d'Espagne*. « La prise de Badajoz, dit M. Scott, « fut principalement due au général Picton. Dans la « vie privée, Picton était poli, humain, bienfaisant « et charitable : le trait suivant sert bien à faire con- « naître son caractère. Quelque tems après qu'il eût « quitté le gouvernement de l'île de la Trinité, les « habitans lui firent présent de 5,000 liv. sterling, « comme un témoignage de leur estime. Un grand « incendie ayant réduit en cendres la capitale de « cette île, on ouvrit une souscription pour le secours « des habitans ; le général Picton s'empressa de « souscrire pour les 5,000 liv. sterling qu'il avait « reçus. » Voici comment lord Wellington parle de cet officier dans son rapport à lord Bathurst : « Quant au lieutenant-général sir Thomas Picton, « Sa Majesté a perdu en lui un officier qui s'était « toujours conduit avec la plus grande distinction ; « et qui est mort avec gloire, en conduisant sa « division à une charge à la baïonnette, qui re- « poussa une des plus terribles attaques que l'ennemi

« ait dirigées contre notre position. » Je dois cependant dire à M. Scott que les détails sur la retraite de cet officier, après la guerre d'Espagne, et ses funérailles, ne devaient point être insérés dans la description de la bataille de Waterloo. *Sed nunc non erat his locus.* Il eût été plus convenable de mettre à la fin de l'ouvrage des notices biographiques sur les principaux personnages, que d'interrompre à chaque instant la narration, par des citations étrangères à l'évènement annoncé par le titre de la brochure.

Je ne dois pas passer sous silence une note de M. Scott (page 276) ; il y est dit : « Dans une lettre « particulière, le duc paye un grand compliment « aux soldats français, en disant qu'ils se battirent « toute la journée avec une bravoure et une persé- « vérance au-dessus de tout éloge; et cela, ajoute « le noble duc, je ne le cite pas pour m'en faire un « mérite, car la *victoire* doit être *attribuée* à *la* « *supériorité de la force physique*, et à *l'invincible* « *constance* des *cœurs anglais (british hearts).* » M. Scott termine sa note en disant : « Que les « Français soient de *bons soldats*, on n'en discon- « vient point; mais ni dans cette mémorable occa- « sion, *ni dans aucune autre*, ils ne peuvent point « entrer en parallèle *avec les Anglais*, et la palme « de la gloire appartient à Wellington. » Qu'on juge, par ces citations, du degré de la *modestie* anglaise ! Nous prions M. Scott de se rappeler la guerre de la révolution, Hondscoote, Ostende, le Helder, et cette affaire de Castlebar, en Irlande, où huit cents Français mirent en déroute complette huit mille Anglais (*british hearts*) fortement retranchés sous les ordres du général Lake, en août 1798. Le général Hutchinson, qui a tout au moins autant de talens militaires que lord Wellington, était chef d'état-major de ce corps d'armée. Enfin, les Anglais avaient réuni vingt mille hommes de troupes de ligne, et ils n'osèrent nous attaquer, que quand ils eurent débauché la moitié de notre petite troupe *à force d'or*. Le général Humbert et moi rejettâmes, avec indignation, l'offre d'un million pour chacun, qui nous fut faite par le général Craufurd, si nous voulions nous rendre prisonniers. Pourquoi M. Scott nous force-t-il à faire de semblables révélations, en voulant donner à sa nation une supériorité imaginaire ? car celle qu'elle a obtenue par son or, ou par la trahison, ne tardera pas à être rangée dans cette cathégorie. La *force physique*, et *l'invincible constance* dont parle lord Wellington, sont des formules d'usage dans les protocoles des états-majors. *Sa grâce* a appris, dans plusieurs circonstances, et sur-tout dans les assauts de Badajoz, les 6 et 9 juin 1811, que les Français ne reconnaissent point de maître *en force*, ni en *constance*, quand ils sont *bien commandés*.

Une remarque qui n'échappe pas à l'observateur qui connaît la morgue anglaise, c'est la réserve avec laquelle Wellington parle des résultats de sa victoire. Notre perte fut cependant de cinquante mille hommes, et de toute notre artillerie. Le général anglais se borne à dire que le maréchal Blücher a pris soixante pièces de canons, et qu'il envoie *deux aigles* prises pendant la bataille. Il ajoute que la perte de l'armée anglaise et hanovrienne est de douze à treize mille tués, blessés et prisonniers. M. Scott ne veut pas démordre de son plan de nous donner du *neuf*; et dans une note (page 187), il assure que la perte de l'armée anglaise, d'après le rapport officiel, est précisément de 9,999. Il saisit l'occasion de la mort du colonel Ellis, pour mettre une note dans laquelle il donne à Wellington le nom de *Grand* (*the great Wellington*, page 188). M. Scott doit connaître l'histoire de son pays. Nul historien n'a donné le titre de Grand, à Cromwel, quoiqu'il fût à-la-fois un profond politique et un habile général. Ce sont les vertus qui font le *grand homme*, et non pas le machiavélisme qui ravage le globe. Quant à moi, je ne donnerai mes éloges qu'à ces êtres fortunés qui consacreront leurs talens à la cause sacrée de la justice et de l'humanité.

« Nous donnons avec douleur, dit M. Scott « (page 189), cette longue liste des noms de ces « héros qui ont succombé à la bataille de Waterloo.» Cette liste commence page 189, et ne finit qu'à la page 206. En voici un extrait : «*tués*, état major- « général, lieutenant-général, sir Thomas Picton ; « major-général, sir W. Pousonby; colonel, baron « Charles Omptéda, etc. : 69e. régiment d'infan- « terie, lieutenant-colonel, Charles Morice ; capi-

« taines, Benjamin Hobhouse et R. Blackwood ;
« 71e. d'infanterie, enseigne, John Todd, etc.
« *Blessés*, état-major général, son altesse royale
« le prince d'Orange, dangereusement ; lieutenant-
« général, comte d'Uxbridge (a eu la jambe droite
« amputée); lieutenant-général, sir Charles Alten,
« dangereusement; major-général, Frédéric Adams,
« dangereusement; major-général, sir James Kempt,
« légèrement, etc.; 51e. d'infanterie, capitaine,
« Samuel Beardesley, dangereusement; lieutenant,
« Charles Tyndale, légèrement, etc. ». Je ne donne
cet extrait que pour faire sentir l'utilité de la mé-
thode suivie chez nos voisins : je l'approuve fortement, et je pense que son adoption en France
serait pour la nation une nouvelle preuve de l'attachement que le Roi porte à ses fidèles sujets. La
publication du sort des officiers, serait une grande
consolation pour leurs familles, qui se trouveraient
ainsi dédommagées de la perte qu'elles viennent dé-
prouver; puisque les individus sont l'objet de l'estime
publique qui réjaillit sur leurs parens. Pourquoi ne
pas saisir avec empressement cette occasion de jetter
quelques fleurs sur la tombe des braves qui ont
si noblement sacrifié leur existence pour le service
de sa majesté ?

Le général Scott a sans doute pensé que sa brochure n'était pas assez volumineuse, et au lieu de
nous raconter la marche des alliés sur Paris et leur
entrée dans cette capitale, il nous a donné plusieurs
pages de réflexions sur les souffrances des blessés

sur le champ de bataille, et sur les réjouissances des
Bruxellois, en apprenant la victoire de Waterloo.
On croit s'apercevoir qu'il a manqué sa vocation. Il
aurait paru avec grand succès, s'il se fût adonné à
la peinture ; je n'examine pas n plus le rapport
prussien, signé par le général Gneyscnatt, chef
d'état-major du général Blücher, sur la bataille de
Waterloo ; j'en parle dans le huitième livre de
l'histoire de la guerre de la restauration. Le document du général prussien est fait de main de maître,
quoique susceptible d'être critiqué. J'engage le général Scott à ne donner à l'avenir que de semblables
matériaux historiques ; et bien loin de s'exposer à
ma censure, il peut être assuré d'avance de toute
ma gratitude. Les douze vers qu'il nous donne comme
une description de Sainte-Hélène, m'engagent à
consigner ici quelques idées sur cette île, troisième retraite du *Corse*.

Si nous nous en rapportons à la poésie du général
Scott (page 224), « Bonaparte serait dans une île
« éloignée et *mélancolique*, où il serait destiné,
« comme Bajazet dans une *cage de fer*, à passer
« une misérable existence. On ne voit à Ste.-Hélène
« que des rochers escarpés et de hautes montagnes,
« avec quelques ruisseaux et quelques bosquets. Les
« négocians sont des petits maîtres qui ont aussi
« peu d'argent dans leurs bourses que de bon sens
« dans leurs têtes. Il n'y a dans cette île que des êtres
« sans éducation, pauvres et orgueilleux. En un
« mot, on n'y trouve que des manans, des rochers

« et des déserts. » Je réponds à M. Scott par un article de l'Encylopédie, imprimé en 1782. « Sainte-
« Hélène , île de la mer Atlantique , qui a six lieues
« de circonférence ; elle est haute , montueuse , et
« entourée de rochers escarpés. Les montagnes qui
« se découvrent à 25 lieues en mer , sont couvertes
« la plupart de verdure et de grands arbres, comme
« l'ébenier ; tandis que les vallées sont fertiles en
« toutes sortes de fruits et d'excellens légumes. Les
« arbres fruitiers y ont en même tems des fleurs ,
« des fruits verts et des fruits mûrs. Les forêts
« sont remplies d'orangers, de limoniers, de citron-
« niers , etc. Il y a du gibier et des oiseaux en
« grande quantité, de la volaille et du bétail qui est
« sauvage. La mer y est fort poissonneuse. La seule
« incommodité qu'on éprouve , vient de la part
« des mouches et des araignées qui y sont mons-
« trueusement grosses. » Voilà une description dif-
férente de celle de M. Scott. *Puis fiez-vous à
messieurs les savans !* Il y a beaucoup d'Européens
qui envieront la prétendue *cage de fer du moderne
Bajazet*, sur-tout d'après les renseignemens suivans,
qui sont authentiques.

Ste.-Hélène, découverte en 1502 par les Por-
tugais , a appartenu successivement à cette nation,
aux Hollandais et aux Anglais , qui en sont défi-
nitivement les maîtres depuis 1673. C'est un séjour
délicieux , quoique sous le 15° 50' de latitude
méridionale. Le climat de Ste.-Hélène est très-sain ,
quoique près de la ligne ; on n'y éprouve pas les

grandes chaleurs qui rendent le séjour des Antilles si dangereux. C'est un printems continuel. On appelle hiver les mois de juin et juillet, parce qu'alors il tombe de la pluie plus souvent que pendant le reste de l'année. Il y a très-peu de malades. Ceux qu'on y débarque ont bientôt recouvré leur santé. Les vallées sont très-fertiles. La ville de *Jamestown* n'a que cent maisons. La garnison est de mille à douze cents hommes. On évalue la population de toute l'île à six mille âmes. Les femmes sont jolies, coquettes et fort spirituelles. On voit donc que Napoléon n'a rien perdu au change. L'île d'Elbe était loin de lui offrir les agrémens de son nouveau domaine; car, je pense bien qu'il a acheté de la compagnie des Indes, la propriété de l'île, se reconnaissant vassal du roi de la Grande-Bretagne.

L'île d'Elbe est située dans la Méditerranée, sous le 42° 50' de latitude septentrionale. Le climat y est tempéré, mais l'hiver y est froid et pluvieux. L'île a vingt lieues de circonférence, et sa population est de douze mille âmes. Les femmes n'y sont pas belles; elles sont bonnes mères. Les Elbois sont hospitaliers. On m'a assuré qu'ils avaient accepté les fêtes de Bonaparte avec une *familiarité* qui avait singulièrement déplu à leur nouveau seigneur. Avec l'amour qu'on lui connaît pour la vengeance, et pour jouir des douceurs de la vie, on s'imagine aisément qu'il n'était allé à l'île d'Elbe que pour être plus à même de consommer son œuvre d'iniquité contre la France, et se rendre ensuite dans son paradis terrestre. Nos rivaux de gloire n'auraient pas atteint leur but, s'ils n'avaient pas pris les mesures pour nous dépouiller des chefs-d'œuvre de l'art rassemblés à Paris, pendant les dernières guerres, et pour nous faire payer en partie les subsides qu'ils ont donnés, depuis si longtems aux puissances du continent.

Je n'admets point l'axiome qu'*il faut faire à son ennemi tout le mal possible*. Je soutiens que la gloire d'un gouvernement consiste à concilier le bonheur de son peuple avec celui de ses voisins. Il y a des guerres nécessaires; mais il ne faut point perdre de vue que la fortune est capricieuse. La paix doit être *honorable* pour les deux partis. Il faut que les alliés se pénètrent bien de cette vérité, et qu'ils sachent que quand le Roi de France fera un appel à ses sujets, il trouvera un million de soldats disposés à venger ses injures, et à faire respecter les prérogatives de sa couronne. Enfin il faut que les Anglais soient bien convaincus qu'ils n'auront jamais un Bonaparte sur le trône de St. Louis, et qu'il ne faut que peu d'années pour leur apprendre que la France peut encore, comme autrefois, donner des lois sur les bords de la Tamise. Le Roi sut exprimer avec franchise ce qu'il exécutera avec dignité, lorsque Sa Majesté dit au prince-régent d'Angleterre, le 20 avril « 1814 : « Je suis bien sensible à l'amour que me « témoignent les Anglais, et tous mes vœux se- « ront comblés, si ma reconnaissance peut tou-

« jours se concilier avec le bonheur de mon
« peuple ! »

Nous n'avons pas encore une relation véritable
de la campagne de 1815, encore moins de celle
de 1814. Les deux gros volumes de M. Alphonse
de Beauchamp ne donnent pas la moitié des évènemens militaires de cette mémorable époque.
J'ai réuni en un seul volume une analyse exacte
de tout ce qui s'est passé d'important en Allemagne, en Italie et en France, depuis l'entrée
de lord Wellington sur le territoire français (octobre 1813) jusqu'à la paix du 20 novembre 1815.
Le premier livre contient la vie de Louis XVIII,
depuis sa naissance jusqu'au commencement de la
guerre de la restauration, avec un coup d'œil rapide
sur les principaux évènemens politiques et militaires depuis 1789. Je parle plus clairement du
rôle de Bonaparte, dont j'ai donné quelques idées
vagues dans l'*Histoire de la guerre de Russie et
d'Allemagne*, pages 275 et 429. Je prouve évi-
demment l'existence d'un parti anglais que Bonaparte dirigeait, et d'un parti français qui avait
pour chef Pichegru. La perfidie triompha de la
loyauté.

Les second et troisième livres renferment les
opérations militaires des trois derniers mois de
1813. Les manœuvres des belligérans dans les environs de Bayonne sont examinées avec *beaucoup
de soin*. J'ai l'avantage de connaître ces localités.

Les quatrième, cinquième, sixième et septième

livres sont consacrés à la campagne de 1814. Je prouve mathématiquement que Bonaparte eut les alliés sous son joug à trois époques différentes, et qu'il les laissa se retirer du bourbier, en ayant l'air de leur dire : « Voyez ce qu'on peut faire avec « des Français, malgré que j'en aie *ostracisé* plus « d'un milion depuis quatre ans, par les guerres « d'Espagne, de Russie et d'Allemagne, et par mon « habileté à calculer les garnisons. Rendez grâces « au ciel d'avoir trouvé un Bonaparte assez fou « pour vous servir. »

Le huitième livre renferme la campagne de 1815, depuis le départ de Napoléon, de Porto-Ferrajo jusqu'au traité de paix du 20 novembre. Je donne des détails sur nos armées et celles des alliés. On reconnaît dans l'auteur de notre désastre de Waterloo, le même génie diabolique de la guerre de Russie, du pont de Lindenau, et de la manœuvre sur Saint-Dizier. Il en coûtera à certains personnages d'adopter mon opinion sur Napoléon, qui aurait quitté un trône pour aller vivre dans une île éloignée. Qu'on ne me juge qu'après m'avoir lu. Je demande seulement à ces pyrrhoniens pourquoi lord Castlereagh ne se fait pas nommer roi de la Grande-Bretagne à la place de la maison de Brunswick ? Cela lui serait tout aussi facile qu'il l'était à Bonaparte de se maintenir sur le trône de France.

L'ouvrage est terminé par un *dialogue* entre le duc de Montmorency et le prince de la Moskwa. Le duc fut décapité dans l'hôtel-de-ville de Toulouse, après avoir dit au bourreau : *Frappe hardiment*, ainsi que le maréchal Ney dit : *visez juste*, aux vétérans qui le fusillèrent. Il résulte de la conversation de ces deux illustres guerriers une grande leçon pour les militaires de tout rang : « Qu'il vaut « mieux périr de la manière la plus affreuse, que de « trahir le Roi. »

LETTRE

A LORD COCHRANE,

MEMBRE DU PARLEMENT D'ANGLETERRE,

POUR LE DISTRICT DE WESTMINSTER.

Mylord,

J'ai vécu pendant quatre ans au milieu des Anglais ; j'ai appris à vous connaître. Vous n'aimez pas les Français ; mais vous les estimez. Vous avez de l'honneur et de la philosophie : c'est à ce double titre que j'ose vous adresser mes observations sur la situation politique de la France. Votre règle invariable d'équité garantit à ma malheureuse patrie que vous réclamerez contre cet abus odieux de la force, secondée par la trahison de Napoléon.

Le traité du 3o mai 1814 avait réconcilié la France avec les autres états de l'Europe. Qu'a donc fait depuis cette époque ce peuple, souvent grand et toujours loyal, pour être imposé à un tribut exhorbitant et à *la tutèle peu flatteuse* d'une armée étrangère? Doit-on châtier une masse respectable de trente millions d'individus, parce qu'il a plu à nos ennemis de vomir sur nos côtes un monstre à figure humaine et à cœur de tigre, qui, à l'aide d'une poignée d'intrigans, dont tous les pays abondent, usurpa pour la seconde fois le trône de Saint-Louis? N'en a-t-il pas été exclu, à la face de l'univers, par le silence énergique de la majorité des Français? En effet, Napoléon n'eut qu'un million de votes au Champ-de-Mai 1815, tandis qu'il en avait obtenu plus de quatre millions pour le consulat à vie, en 1802. La France ne pouvait point donner une preuve plus authentique de son dévoûment à son Roi légitime, lorsqu'elle se trouvait sous l'influence de l'armée, momentanément égarée par une fausse reconnâissance, qui lui fit oublier ses sermens.

Il est évident que la masse de l'armée fut entraînée par quelques factieux, qui abusèrent de sa bonne foi pour lui représenter comme un devoir son obéïssance à son ancien général. Cependant, on a puni cette armée, seule coupable, de la manière la plus terrible pour des hommes d'honneur, *par le licenciement*. Pourquoi donc imposer à la France des stipulations que notre premier ministre n'a pas pu s'empêcher, dans son discours au eorps législatif, de qualifier *d'onéreuses , dures et pénibles ?* Pourquoi, par exemple, attaquer l'intégrité du royaume par l'enlèvement de trois clefs de la France, Philippeville, Sarre-Louis et Landau? Sont-ce là les grands principes de sagesse, de modération et de générosité d'après lesquels la France devait rester grande et forte, et *même obtenir un agrandissement de territoire qu'elle n'avait jamais connu sous ses rois ?*, L'Espagne qui avait tant de droits à réclamer, refuse toute espèce d'indemnités, et donne ainsi une grande leçon à toutes les puissances, et sur-tout à l'Angleterre.

Je suis encore à concevoir comment les alliés ont osé dicter de telles conditions à ce Monarque auguste qui, depuis vingt-cinq ans, et sur-tout pendant son séjour en Angleterre, a inspiré à l'Europe un si vif intérêt par ses malheurs, ses talens et ses vertus. Oui, mylord, Louis XVIII est et sera l'ami de l'Angleterre, ainsi qu'il le déclara au prince régent, pourvu qu'on ne l'empêche pas de remplir ses devoirs d'un bon père envers ses fidèles sujets. Obtenez du parlement qu'on observe rigoureusement le traité du 5o mai 1814. Vous aurez rendu pour longtems la tranquillité à l'Europe, parce qu'une paix n'est durable qu'autant qu'elle est honorable aux deux partis. Ne laissez pas échapper cette occasion, unique dans l'histoire, de prouver à vos rivaux de gloire que votre justice et votre magnanimité égalent votre opulence et votre fierté nationale.

J'ai cru devoir vous faire connaître les sentimens qui animent tous les Français amis du Roi et de la paix. Je ne vous parle pas de mes intérêts particuliers : il me suffit de savoir que la justice et la raison n'invoquèrent jamais en vain les sages représentans de la Grande-Bretagne.

Je suis, avec la plus parfaite considératiou, votre très-humble serviteur,

Le maréchal-de-camp,

SARRAZIN.

Paris, le 30 novembre 1815.

NOTES.

Je profite de cette occasion pour répondre aux critiques de mon *Histoire de la guerre de Russie et d'Allemagne*, et pour corriger quelques *errata*. Voici une lettre que j'ai adressée au rédacteur du *Journal de Paris*, le 15 novembre 1815, en réponse à son article du 1er. dudit mois.

« Monsieur, ce que vous dites dans votre journal du
« 1er. de ce mois, concernant mes discussions avec le gou-
« vernement britannique, n'est point exact, puisque je
« n'ai jamais eu la prétention de *vendre* mes plans. Je
« n'aurais même pas demandé d'indemnité pour mes
« pertes du camp de Boulogne, si les ministres anglais
« m'avaient traité comme *lieutenant-général*, grade qu'ils
« m'avaient reconnu en 1798, lors de mon échange
« comme prisonnier de guerre contre le général Harry
« Burrard. Voici un fait à l'appui de mon raisonne-
« ment.

« Quand j'eus parlé vaguement de mon projet de quit-
« ter la France, puisque Bonaparte ne me donnait pas
« le rang de général de division, ou *lieutenant-général*,
« que j'avais obtenu sur le champ de bataille, les ministres
« anglais m'envoyèrent un agent, en octobre 1808, à
« Bruges, où je commandais, pour m'engager à donner la
« préférence à l'Angleterre. Cet agent était autorisé à
« me promettre le titre de *lord* et un million sterling

« (vingt-quatre millions de francs). Je répondis que
« j'acceptais l'invitation de me rendre en Angleterre ; que
« je ne demandais ni *noblesse* ni *argent*, mais seulement
« le rang de lieutenant-général dans l'armée anglaise,
« comme j'aurais dû l'avoir dans l'armée française, sans
« l'injustice de Napoléon. Je convins avec cet agent d'un
« signal pour être averti du consentement des ministres.
« Je ne quittai la France qu'en juin 1810, après
« qu'on m'eût répété *bien souvent* le signal convenu. Une
« politique qu'on ne saurait qualifier par son vrai nom,
« sans s'exposer à la censure de l'autorité, a empêché
« de tenir ce qu'on m'avait fait promettre ; cependant les
« résultats ont surpassé les espérances qu'on avait fon-
« dées sur mes plans. Lord Cochrane est chargé de ma
« pétition au parlement, dont la justice me garantit ou
« une indemnité pour mes pertes, ou la restitution de mes
« plans, notes et mémoires, dont la totalité équivaudrait,
« s'ils étaient imprimés, à quatre volumes in-8°., comme
« l'*Histoire de la guerre de Russie et d'Allemagne*. »
« Du reste, j'ai beaucoup ri du ridicule que vous cher-
« chez à jeter *sur mes principes de guerre*. Cela m'a paru
« tout aussi plaisant que si je voulais donner à un Anglais
« des leçons *pour boire ou pour boxer*. Vous vous
« trompez aussi quand vous dites que j'ai eu souvent
« recours à une histoire publiée en France en 1814 : le
« comte de Lieven, ambassadeur de Russie près la cour
« de Londres, peut attester que mon manuscrit de *la*
« *Guerre de Russie et d'Allemagne* était à sa dispo-
« sition en décembre 1813, etc. »

(85)

Le rédacteur de la *Gazette de France*, dans son feuilleton du 27 septembre dernier, m'a reproché, comme
une grande inexactitude, de n'avoir pas parlé de la bataille
de Waterloo comme d'un échec éprouvé par Napoléon,
quoique secondé par le maréchal Soult. Si cet écrivain
avait lu attentivement ma préface, il aurait vu que mon
ouvrage était déja imprimé au 20 *mars* 1815, et qu'il ne
m'était pas possible de baser mes raisonnemens sur un
événement de *juin* de la même année. Il faut cependant
rendre justice à la sagesse et à la modération des savans
qui rédigent ce journal. J'ai lu sur-tout avec plaisir leur
article sur les libraires, qui forme le feuilleton du 16
octobre ; il y est question d'*Ulric Gérin*, qui encoura-
geait les lettres par des avances considérables et des pen-
sions qu'il fit à plusieurs savans dont il avait imprimé
les ouvrages. Je connais un imprimeur-libraire qui ne paraît pas avoir hérité de ces nobles sentimens.

Peu de tems après mon arrivée à Paris, en juillet 1814,
j'eus occasion de voir M. Dentu, imprimeur-libraire,
rue du Pont-de-Lodi, n°. 3. Je lui proposai d'imprimer
mon manuscrit *sur la Guerre d'Espagne et de Portugal*, aux conditions « de vendre cet ouvrage, de se payer
« de ses frais, et de me tenir compte du surplus de la
« recette » en ajoutant que je m'en rapportais à sa loyauté,
comme j'avais fait à Londres envers les libraires avec qui
j'avais eu à traiter. « Mais si l'ouvrage ne se vend pas,
« me dit M. Dentu, vous me promettez au bout de six
« mois de me payer les frais dont je ne serais pas rem-
« boursé. » Je le lui promis sur-le-champ, et je lui ai
réitéré cette promesse dans plusieurs lettres. L'ouvrage se
vendit bien. Je demandai mon compte ; M. Dentu me
dit d'un ton goguenard : « Un général qui est payé par

« l'état, ne peut point s'abaisser à recevoir des profits
« de librairie. » Je dois observer que je lui avais donné
un état des livres dont j'avais besoin pour former ma
bibliothèque, dont il éluda de me faire l'envoi sous divers
prétextes.

Le 5 janvier 1815, je lui écrivis de m'envoyer mon
compte et de suspendre la vente de la guerre d'Espagne,
me proposant d'en donner une seconde édition avec des
changemens et additions. Alors il leva le masque, et il
prétendit que je lui avait fait *présent* de la première édition, et qu'il voulait l'*épuiser*. Il venait d'imprimer une
brochure, intitulée : *Défense des Bourbons de Naples,
contre les panégyristes de l'usurpateur Murat.* Il m'en
envoya cinquante exemplaires, et depuis lors il a constamment refusé de mettre cette brochure en vente, peut-
être parce qu'il y a de dures vérités contre un gouvernement étranger. M. Barba, libraire, à qui j'avais donné
un bon de cent exemplaires de cette brochure, à prendre
chez M. Dentu, n'a jamais pu les obtenir. Il ne m'appartient pas de rechercher les motifs de cette suppression ; mais il est assez plaisant qu'un libraire puisse
s'approprier le travail d'un auteur, le publier, ou le supprimer à son gré, sans que la direction de la librairie puisse
le ramener à son devoir. J'ai écrit plusieurs lettres à cette
autorité, et je n'en ai reçu que des réponses vagues, tendant
à me renvoyer pardevant les tribunaux.

Cette conduite de M. Dentu est d'autant plus surpre-
nante qu'il a déployé *un zèle inquisitorial* dans une brochure de 140 pages, Paris 1811, contre M. *Maltebrun*,
qu'il accuse d'avoir copié littéralement une grande partie
des OEuvres de M. Gosselin, de M. Pinkerton, etc., et
de les avoir fait imprimer et débiter sous son nom. Il

appelle les plagiats de M. Maltebrun. « Le plus infâme
brigandage littéraire dont il ait jamais été mention parmi
nous. (Préface, page 2). » Il assure qu'il est légitime
propriétaire de la géographie de Pinkerton, *grâce au ciel
et à son argent.* Je déclare que M. Dentu ne peut pas
en dire autant de *l'histoire de la guerre d'Espagne* ; car
bien loin de m'avoir avancé la moindre somme, j'ai été
obligé de payer les ouvrages que j'ai pris chez lui. Pour
le rappeler à ses devoirs, je pense ne pouvoir mieux
réussir qu'en copiant sa péroraison contre M. Maltebrun
(pages 139 et 140) : « Eh bien, vous le voyez, M. Malte-
« brun, le jour de la justice est arrivé : j'ai soulevé, j'ai
« déchiré ce voile imposteur que vous aviez cru impéné-
« trable. Ne me forcez pas à pousser plus loin de légitimes
« représailles. *Respectez mes propriétés* ; cessez d'en faire
« à-la-fois l'objet de vos rapines et de vos outrages, ou
« craignez tout de l'issue d'une guerre que vous avez si
« longtems et si imprudemment provoquée. Je puis rendre
« plus redoutables encore les armes que vous m'avez four-
« nies vous-même..... Je vous arracherai jusqu'au dernier
« des lambeaux dont vous cherchez à voiler la confusion
« qui vous couvre. » D'après cette opinion de M. Dentu,
sur le respect dû aux propriétés, j'aime à croire qu'il m'en-
verra sans délai mon compte, depuis le 1er. août 1814,
jusqu'à ce jour, avec ce qui lui reste des ouvrages qu'il a
imprimés pour moi, ne voulant plus avoir aucun rapport
avec un homme disposé à se faire *présent* des travaux d'un
auteur dont les droits sont d'autant plus sacrés, qu'ils sont
basés sur le desir de plaire au public éclairé.

Mes ouvrages sur les guerres d'Espagne, de Russie et
d'Allemagne ont été faits en Angleterre, où j'avais une
bibliothèque qui me coûtait douze cents louis. Je refusai

d'exécuter un plan qui me faisait débarquer sur les côtes de Bretagne, d'où je n'aurais probablement pas tardé à être débarqué dans les fossés du château de Vincennes. Pour se venger de mon refus, le 7 février 1814, les officiers du shériff enfoncèrent à coups de hache les portes de ma bibliothèque, et enlevèrent tous mes meilleurs livres, avec plusieurs planches de cuivre. On prit pour prétexte de cette violence, une dette de soixante livres sterling, qui m'était étrangère, et que je refusai de payer. Voilà un échantillon des excès que peut commettre la vengeance secondée par l'autorité, et colorée des apparences de la justice. Il faut observer que j'étais *prisonnier d'état*, par décision ministérielle du 12 février 1812, qui me fut signifiée officiellement par M. Reéves, surintendant des étrangers. J'ai toutes les pièces originales à l'appui de mes assertions. Que les amis de l'Angleterre cessent donc de faire l'éloge de la *générosité* avec laquelle je fus traité par les ministres anglais.

Voici un fait consigné dans *le Philosophe*, vol. 2, pag. 307, Londres, janvier 1814. « Quand les ministres « m'eurent déclaré prisonnier d'état, je pris des arrange- « mens pour me mettre en pension chez M. Gouldsmith, « rentier, Alpha Cottages, Newroad, Westminster. Ce « Monsieur s'adressa à lord Castlereagh, pour avoir une « garantie du paiement de ma pension, tant que je serais « détenu prisonnier d'état. Le ministre lui répondit que le « gouvernement anglais ne me devait rien. Cette lettre est « en date du 4 juin 1812 ; ainsi, pendant que le ministre « de l'intérieur me privait de ma liberté, celui des affaires « étrangères me refusait les simples moyens de subsis- « tance. » C'est une espèce de *générosité* qu'on ne pra- tique nulle part, sur-tout vis-à-vis des individus à qui ou doit des sommes énormes. Si le *Nain Jaune* , ou *Journal des Arts* , semblable au phénix qui renaît de ses cendres , reparaît encore sur l'horison littéraire , je l'engage à rectifier son article du 21 septembre 1815 , dans lequel il porte aux nues la *prétendue hospitalité* qui me fut accordée à Londres. Bonaparte eut assez de crédit pour faire tenir en prison , *pendant trois mois* , le général qui venait de commander en second au camp de Boulogne , malgré les brillantes promesses qui m'avaient été faites à Bruges , en 1808 , par le secrétaire du duc de Sussex , de la part de lord Castlereagh , et dont l'assurance m'avait été réitérée plus de cent fois par les croiseurs devant Boulogne , au moyen du signal convenu avec l'agent de lord Castlereagh. Pourquoi , me dira-t-on , n'avez-vous pas accepté les offres du gouvernement anglais , en date du 2 mars 1812 ? Parce que je voulais être traité comme un lieutenant-général de l'armée anglaise , comme on me l'avait promis, et ainsi que cela se pratique chez tous les peuples civilisés. En acceptant les propositions dont j'ai parlé , je me serais rangé dans la classe des écrivains salariés par le cabinet de Saint-James. Par la conduite que j'ai tenue, j'ai éprouvé des privations , il est vrai , mais j'ai mérité l'estime de mes ennemis les plus invétérés , et je suis resté fidèle à l'honneur.

FIN.

Supplément à l'ERRATA pour l'Histoire de la guerre de Russie et d'Allemagne.

page 45,　lig. 21,　après le 22, *ajoutez* : juin.

　97,　　　6,　*lisez :* contraires.

　182,　　27,　sentirent, *lisez* : sortirent.

　184,　　　7,　faisait, *lisez :* ferait.

　208,　　25,　*lisez :* courage d'esprit.

　228,　　14,　*après* bataille *ajoutez :* perdue.

　238,　　　7,　*lisez :* Bérézino.

　312,　　15,　*supprimez* une preuve irrécusable de cette as-
　　　　　　　sertion, c'est, *et lisez* : les talens de Moreau
　　　　　　　furent paralysés par des intrigues de cour, et l'on
　　　　　　　éprouva.

　317,　　19,　dû, *lisez :* pu.

　391,　　　2,　après Français, *ajoutez* : confédérés.

　412,　　27,　sur, *lisez :* vers.

　426,　　　3,　*lisez :* le front de Napoléon.

BIBLIOTHEQUE ROYALE

3 7531 00179950 2

www.ingramcontent.com/pod-product-compliance
Ingram Content Group UK Ltd.
Pitfield, Milton Keynes, MK11 3LW, UK
UKHW020328130726

13696UKWH00003B/1222